DATE DUE

OCT 07 2010			
		AUG 10 2004	

Comment ça marche ?

EN QUESTIONS ET RÉPONSES

Texte de Gie Van Roosbroeck
Dessins de Hilde Van Craen

Chantecler

Table des matières

Chapitre 1 :

SOLIDES, LIQUIDES ET GAZ

Qu'est-ce qu'un atome ?

L'homme s'est toujours demandé de quoi la matière était faite. Quels sont les constituants du bois des arbres, du sable des plages et de la chair des animaux ? De nombreuses théories ont été imaginées. À présent, nous savons que les atomes sont les plus petits constituants de toute matière.

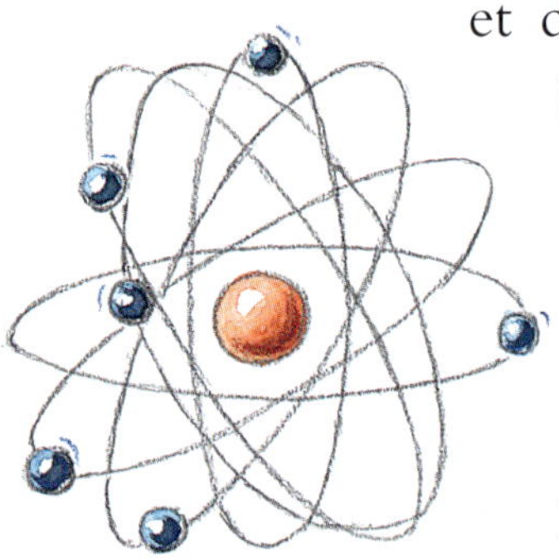

Vers 400 avant Jésus-Christ, le Grec Démocrite fut le premier à imaginer que toute matière était constituée d'atomes : un peu comme les lettres de l'alphabet forment les mots, les atomes se combinent pour donner les corps.. Mais il fallut attendre de nombreux siècles avant de pouvoir démontrer que les atomes existaient réellement et à quoi ils correspondaient. En 1803, l'Anglais John Dalton présenta la théorie atomique moderne.

Depuis lors, nous savons que les atomes sont les constituants des éléments. Les éléments sont des matières pures. L'oxygène, l'hydrogène, le plomb, l'or, le néon et le fer sont des exemples d'éléments. Tous les atomes d'un même élément sont identiques. Les atomes d'éléments différents ne le sont pas. Ils diffèrent par le poids et la taille. Jusqu'à présent, les scientifiques ont réussi à découvrir cent treize éléments.

Même si les atomes sont les plus petits constituants d'un élément, nous connaissons encore des particules plus petites. En effet, les atomes sont à leur tour constitués de particules. Cette découverte fut faite au début du XXe siècle. C'est ainsi qu'un atome se compose d'un noyau constitué de protons et de neutrons autour duquel gravitent des électrons.

Le tableau de Mendeleïev

Dans le courant du XIXe siècle, le savant russe Dimitri Mendeleïev a rangé les atomes dans un tableau d'après leur sorte et leur poids. On appelle ce tableau le tableau périodique des éléments car tous les atomes situés dans une même colonne ont un comportement chimique proche.

Qu'est-ce que la radioactivité ?

Le noyau de certains atomes n'est pas stable. Il arrive qu'il perde des particules, telles qu'un proton ou un neutron. Ces particules sont violemment expulsées du noyau. Nous appelons ce phénomène le rayonnement radioactif. Un atome dont le noyau n'est pas stable s'appelle un élément radioactif.

Le rayonnement radioactif peut être dangereux, voire mortel. Toutefois, lorsqu'il est utilisé à doses infimes et avec prudence, il peut être très utile. La médecine recourt à des matières radioactives pour poser des diagnostics et traiter certaines maladies.

Le rayonnement radioactif libère énormément d'énergie. L'énergie ainsi libérée s'appelle l'énergie nucléaire. Les centrales nucléaires recourent à ce principe pour produire de l'électricité. L'énergie nucléaire est également utilisée à des fins moins pacifiques. On a pu se rendre compte des effets désastreux des armes nucléaires lorsqu'à la fin de la Seconde Guerre mondiale (1945), les Américains ont largué des bombes atomiques sur les villes japonaises d'Hiroshima et de Nagasaki, qui furent complètement détruites. Le drame fit des centaines de milliers de victimes parmi la population.

Qu'est-ce qu'une molécule ?

Molécule d'eau

Toute matière est constituée d'atomes. L'homme, comme tout ce qui l'entoure, est constitué d'atomes. Ces atomes sont liés entre eux. Une liaison atomique s'établit lorsqu'un électron d'un atome et un électron d'un autre atome se retrouvent dans l'espace qui sépare ces deux atomes. Ces deux électrons retiennent les atomes.

Les atomes liés entre eux s'appellent des molécules. Une molécule est la plus petite partie d'une matière. Une molécule d'eau se compose de deux atomes d'hydrogène et d'un atome d'oxygène. Une molécule de sel de cuisine est constituée d'un atome de sodium et d'un atome de chlore. Les molécules sont parfois plus grandes. Une molécule de sucre cristallisé, par exemple, se compose de 12 atomes de carbone, de 22 atomes d'hydrogène et de 11 atomes d'oxygène.

Tout comme les atomes, les molécules sont très petites. Pour pouvoir voir, sentir ou toucher une matière, il faut un très grand nombre de molécules de cette matière.

La matière se présente sous trois états différents, selon l'agencement de ses molécules : gazeux, liquide et solide.
Certaines matières, telles que l'oxygène gazeux, sont volatiles. Les molécules d'un gaz sont dispersées. C'est pourquoi les gaz n'ont ni forme ni volume propres.
Les liquides sont des matières qui ont un volume propre, sans que leur forme soit propre. L'eau est un liquide. Les molécules d'un liquide sont très rapprochées, mais elles sont en perpétuelle agitation.

Que se passe-t-il lorsque l'eau s'évapore ou gèle ?

La structure moléculaire d'une substance peut être modifiée. Lorsque tu congèles de l'eau, les molécules d'eau se rapprochent et se lient. L'eau se transforme en glace. Si tu fais bouillir de l'eau, les molécules d'eau s'espacent et commencent à s'agiter. L'eau se transforme en vapeur.

Les substances solides ont une forme et un volume propres. Le fer, par exemple, est une substance solide. Les molécules d'un solide sont agencées dans un ordre déterminé. Certains agencements sont plus solides que d'autres. C'est pourquoi certains solides sont durs et d'autres sont mous.

Qu'est-ce qu'une réaction chimique ?

Lorsque deux atomes se combinent, on parle d'une réaction chimique. Si tu places un morceau de fer dans un verre d'eau, le fer commencera à rouiller. La rouille est le résultat d'une réaction chimique. Les molécules de fer se lient aux molécules d'oxygène dans l'eau. (Les molécules d'eau se composent de deux molécules d'hydrogène pour une molécule d'oxygène.) Si tu laisses le bout de fer très longtemps dans l'eau, le fer finira par disparaître entièrement. Une réaction chimique entre deux molécules différentes peut également fabriquer de nouvelles molécules. C'est ce qui se passe lorsque tu brûles du gaz. Toute combustion requiert la présence d'oxygène. La combustion du méthane produit de l'eau et du dioxyde de carbone. La combustion est un exemple de réaction chimique qui dégage de l'énergie sous forme de chaleur.

Solution

Il ne faut pas confondre une réaction chimique avec une solution. Lorsque tu ajoutes du sucre dans ton café, tu mélanges le sucre au café. Il ne se crée pas de nouvelle substance. Le sucre est dissous, mais il est présent dans le café. Tu peux d'ailleurs le goûter : ton café est sucré.

Qu'est-ce que l'aluminium ?

Tu connais certainement quelques objets fabriqués en aluminium ou du moins qui en contiennent sous une forme quelconque. Par exemple, le papier aluminium, les casseroles, les poêles, les tubes de dentifrice, les machines à laver, les moteurs de voiture, les fenêtres, les portes, ainsi qu'une multitude d'autres objets. Partout autour de nous, nous pouvons voir des objets en aluminium argenté.

L'aluminium est un métal qui possède des propriétés très intéressantes. Il est trois fois plus léger que le fer. Il ne rouille pas, même s'il ne résiste pas à certains acides. On peut en tirer des fils encore plus fins que le plus fin de tes cheveux. On peut également le laminer de manière à obtenir des feuilles plus minces que les feuilles de ce livre. On peut également en faire des poutres très robustes.

Heureusement, les réserves d'aluminium sont presque inépuisables. L'aluminium est l'un des métaux les plus abondants sur terre. En effet, la croûte terrestre est constituée à 8 % d'aluminium. Malheureusement, il ne se trouve pas à l'état pur dans la nature. Il est toujours associé à d'autres substances et il entre dans la composition de nombreuses roches.

C'est pourquoi les scientifiques ont cherché à mettre au point une méthode économique pour fabriquer de l'aluminium. Le chimiste Martin Hall y parvint en 1886. Il fit fondre de la cryolithe, un minerai d'aluminium, qu'il mélangea à de l'alumine. En envoyant un courant électrique dans ce mélange, il parvint à isoler l'aluminium. Ce procédé permit la fabrication industrielle de l'aluminium.

Pourquoi mélange-t-on des métaux ?

Lorsque l'homme préhistorique apprit à extraire du cuivre à partir du minerai de cuivre, il se mit à fabriquer des outils et des armes en cuivre. Les épées en cuivre lui permettaient d'être plus efficace au combat. Ces armes n'étaient pas très solides. De plus, elles s'usaient rapidement. C'est pourquoi l'homme essaya d'améliorer le cuivre pour le rendre plus résistant. En le mélangeant avec de l'étain, il obtint du bronze. Les épées en bronze sont plus robustes que les épées en cuivre. Plus souple, le bronze est également plus résistant à l'usure. C'est ainsi que l'homme a découvert qu'il était possible de fabriquer des alliages. On appelle alliage le mélange d'un métal avec une autre matière.
Un alliage ne possède pas les mêmes propriétés que les métaux dont il est fait. Un alliage de deux métaux fond généralement à une température plus basse que les deux métaux qui le composent. De la même manière, l'alliage est souvent plus solide et plus résistant à l'usure que les métaux qui entrent dans sa composition. La composition de l'alliage dépend des résultats qu'on souhaite obtenir.
Le fer peut se mélanger à plusieurs autres substances. En y ajoutant du carbone, on obtient de l'acier. Pour fabriquer de l'acier inoxydable, on y ajoute encore du chrome et un peu de nickel. L'addition de tungstène permet d'améliorer la résistance à l'usure de l'acier.

Comment fait-on un feu d'artifice ?

Le carnaval, les fêtes de fin d'année et les manifestations importantes s'accompagnent souvent de spectacles de feux d'artifice aériens. Le feu d'artifice peut également être terrestre, décoratif ou pyromusical. Comme tu peux le constater, il existe de nombreux types de feux d'artifice. Mais ils ont tous une caractéristique commune : ils contiennent de la poudre explosive.

Pour fabriquer des fusées de feux d'artifice, on utilise généralement de la poudre noire, mélangée à une autre substance finement broyée. Le mélange est mis dans un tube. Lors de l'explosion, une importante quantité de gaz se libère par un petit orifice situé au fond du tube. Le tube s'élève dans le ciel à la manière d'une fusée. Si le tube est percé de plusieurs orifices, on entend un sifflement. Les effets de lumière et de couleur s'obtiennent en ajoutant des substances spéciales à la poudre. On utilise la poudre de magnésium ou d'aluminium pour obtenir une lumière blanche, des composés de cuivre pour une lumière bleue et le strontium pour des effets rouges.

Lorsque tu allumes un feu d'artifice, tu dois faire preuve de prudence. Écarte-toi dès que tu as allumé la mèche.

Comment fabrique-t-on le verre ?

Détrompe-toi si tu t'imagines que le verre est difficile à fabriquer. En effet, le principe de fabrication est élémentaire. De plus, il fait appel à des matières premières très banales. Près de 95 % de toutes les matières premières conviennent à la fabrication du verre. Les plus importantes sont : le sable, la soude, la pierre calcaire, le borax, l'acide borique, l'oxyde de magnésium et l'oxyde de plomb.

Pour obtenir du verre, il faut fondre les matières premières à haute température et laisser refroidir le mélange. La nature elle-même fabrique du verre. Ce verre naturel s'est formé il y a plus de quatre cent cinquante millions d'années, suite à des éruptions volcaniques, lorsque la lave contenait de la silice et qu'elle se refroidissait rapidement. Ce verre de lave, également appelé obsidienne, est aussi dur que la pierre.

Il y a cinq mille ans, les anciens Égyptiens savaient déjà colorer le verre. Ils utilisaient ce verre de couleur pour décorer des récipients et d'autres objets. Ils confectionnaient aussi des perles de verre. Plus tard, il y a environ trois mille cinq cents ans, ils fabriquèrent également des flacons à parfums ou à onguents.

Durant l'Empire romain, du Ier siècle avant Jésus-Christ jusqu'au Ve siècle après Jésus-Christ, les artisans apprirent à souffler le verre. Cette technique leur permit de fabriquer des objets en verre de toutes les formes et de toutes les dimensions.

Depuis lors, la technique de fabrication du verre s'est considérablement améliorée. On peut aujourd'hui fabriquer du verre de toutes les formes possibles et imaginables. Ses applications sont illimitées : on l'utilise pour fabriquer des verres, des plats, des vases, des lentilles, des lunettes, etc.

Dans une verrerie, les matières premières sont soigneusement pesées avant d'être mélangées. Pour accélérer la fusion, on ajoute à ce mélange vitrifiable des déchets de verre de la même composition, le calcin. Le mélange vitrifiable fond à une température d'environ 1 500 °C.

Le verre en fusion doit encore subir une série de transformations. En fonction du type de verre recherché, le verre sera soufflé, laminé, moulé ou étiré.

Les bouteilles sont fabriquées par des machines automatiques. Les objets usuels simples, tels que les saladiers et les raviers, sont moulés. Le verre à vitre est fabriqué par laminage ou étirage. Les feuilles de verre sont ensuite polies et taillées. Les objets artistiques, tels que les vases et les objets décoratifs, sont soufflés.

Qu'est-ce que l'essence ?

L'essence figure parmi les combustibles les plus importants. Elle doit son succès à sa facilité d'utilisation. L'essence est un liquide léger qui s'évapore facilement et qui s'enflamme rapidement. De plus, sa combustion produit beaucoup d'énergie. Si l'essence se buvait, 1 litre d'essence fournirait autant d'énergie que cent dix hamburgers.

La combustion de l'essence pure ne produit que très peu de déchets. L'essence se compose d'un mélange de molécules qui sont toutes constituées d'oxygène et de carbone. En présence d'une quantité suffisante d'oxygène, la combustion de l'essence produit du dioxyde de carbone, de l'eau et une très grande quantité de chaleur.

L'essence s'obtient à partir du pétrole brut. Le pétrole brut est un liquide noir et épais. Il se compose d'une multitude d'hydrocarbures. Les plus légers sont des gaz tels que le méthane, le propane et le butane. Il contient également toute une série d'hydrocarbures liquides et d'autres matières solides.

Tous ces hydrocarbures possèdent un point d'ébullition différent, cela veut qu'ils se mettent tous à bouillir à des températures différentes. On utilise cette propriété pour extraire l'essence du pétrole brut. Cette opération s'effectue dans une grande usine que l'on appelle une raffinerie de pétrole.

Dans une raffinerie, le pétrole brut est amené dans de gros réservoirs où il est porté à 200 °C. À cette température, le quart des hydrocarbures du pétrole brut s'évapore déjà. Cette vapeur est envoyée dans des conduits refroidis depuis l'extérieur où elle repasse à l'état liquide. On répète ce processus de distillation jusqu'à l'obtention d'essence pure.

Qu'est-ce que l'indice d'octane ?

Dans le cylindre d'un moteur à essence, le mélange air/vapeur d'essence est compressé. L'étincelle produite par la bougie déclenche l'explosion du mélange. Lorsque la compression du mélange est trop forte, il peut exploser avant l'étincelle de la bougie. Il faut à tout prix éviter que cette explosion se passe au mauvais moment ou plus rapidement que prévu car elle peut sérieusement endommager le moteur.

L'indice d'octane indique la compression maximale du mélange. Le mot octane doit son nom à une molécule d'hydrocarbure présente dans l'essence. Cette molécule est constituée de 8 atomes de carbone. Le terme octane est dérivé du radical octo *qui signifie huit en latin. Plus le taux d'octane est élevé, plus l'essence est de bonne qualité car moins explosive. L'essence à indice d'octane de 98 contient 98 % de molécules « octanes » pour 2 % d'autres molécules d'hydrocarbures.*

Qu'est-ce que la dynamite ?

Les explosifs ont joué un rôle important dans l'histoire de l'humanité. Nul ne peut le nier. L'invention des armes à feu a renforcé les armées et changé l'art de la guerre. Les explosifs ont aussi été très utiles dans l'industrie minière.

L'histoire des explosifs commence avec l'invention de la poudre à canon. L'origine de la poudre n'est pas certaine. Certains pensent qu'elle fut inventée en Chine. D'autres croient qu'elle est originaire des pays arabes. La poudre à canon est un mélange de salpêtre, de charbon de bois et de soufre. Au XIIIe siècle, le moine, philosophe et savant anglais Roger Bacon en améliora la formule qu'il dissimula dans une anagramme latine. C'est pourquoi il fallut encore attendre cent ans avant de voir apparaître les premières armes à feu.

Vers 1600, la poudre à canon fut utilisée dans les mines. La mèche était un roseau rempli de poudre finement broyée. Plus tard et pour des raisons de sécurité, on utilisa des mèches de coton imprégnées d'huile et de salpêtre.

Ce n'est qu'au XIXe siècle que les scientifiques inventèrent des substances encore plus explosives que la poudre à canon. En 1846, le chimiste allemand Christian Schoenbein découvrit par hasard la poudre-coton ou fulmicoton, une matière quatre fois plus puissante que la poudre à canon. Il la fabriqua en plongeant des fibres de coton dans un mélange de nitrate condensé et d'acide sulfurique, mais garda la composition chimique de cet explosif secrète. Plus ou moins à la même époque, l'Italien Ascanio Sobrero se livra à des expériences avec de la glycérine. Il découvrit la nitroglycérine en incorporant un mélange d'acide sulfurique et de sel de salpêtre à de la glycérine. Sobrero arrêta ses ex-

périences parce qu'il estimait que le produit était trop dangereux. En effet, la nitroglycérine explose à la moindre secousse. Elle était donc très délicate à manipuler et à transporter.
Le savant suédois Alfred Nobel trouva la solution à ce problème. Par hasard, il découvrit qu'en dissolvant de la nitroglycérine dans une terre de silice, on obtenait un explosif stable, qui pouvait se manipuler sans danger. Alfred Nobel appela son invention la dynamite.Cette invention extraordinaire fit sa fortune. À sa mort, il légua tout ce qu'il possédait à une fondation qui, depuis, distribue des récompense, les prix Nobel, à des hommes qui se sont illustrés dans un des six domaines suivants : physique, chimie, sciences médicales, littérature, paix et sciences économiques.

Qu'est-ce que le plastique ?

Nous ne pouvons plus nous imaginer la vie sans plastique. Des milliers de produits sont fabriqués en plastique : jouets, objets usuels, outils, ordinateurs, voitures, matériaux de construction, appareillage médical, vêtements… La liste est presque infinie. Et pourtant, il y a moins de cinquante ans, le plastique était encore considéré comme un matériel bon marché et de peu de valeur.

Les raisons qui expliquent le succès du plastique sont multiples. Pour commencer, les plastiques peuvent être fabriqués de manière à répondre parfaitement à l'ensemble des critères imposés par une application déterminée : ils peuvent être rigides et résistants ou encore souples et élastiques, transparents comme le verre ou totalement opaques. On peut leur donner toutes les formes possibles et imaginables. De plus, ils ne coûtent pas très cher à fabriquer.

Le plastique est une matière synthétique. Elle est donc entièrement fabriquée par l'homme. Avant l'invention du plastique synthétique, on utilisait d'autres produits naturels tels que la gomme, le shellac (une sorte de résine) et la corne naturelle.

La première matière plastique synthétique fut inventée en 1869 par l'Américain John Wesley Hyatt. Répondant à un concours, il avait développé un matériau pouvant remplacer l'ivoire dans la fabrication des boules de billards. Pour ce faire, il utilisa la cellulose, la principale composante des parois cellulaires végétales. Il appela cette matière celluloïd. Substitut bon marché de l'ivoire, le celluloïd s'utilisait également pour fabriquer des montures de lunettes, des boutons, des peignes, des dentiers et des pellicules photographiques.

En 1951, des scientifiques inventèrent deux nouvelles sortes de plastique : le polypropylène et le polyéthylène. Grâce à ces deux inventions, les plastiques allaient conquérir le monde. Ces plastiques entrent encore actuellement dans la fabrication de la plupart des objets en plastique.

Le pétrole est la matière première de la plupart des matières plastiques. Le raffinage du pétrole permet d'extraire plusieurs substances, dont l'éthane, qui sert à fabriquer l'éthylène et le propylène. Les scientifiques sont capables de fabriquer de longues chaînes de molécules de ce type. Ce processus s'appelle la polymérisation. Ces longues chaînes de molécules forment des macromolécules. Les nouvelles macromolécules n'ont plus les mêmes propriétés que les molécules originales. Plusieurs types de molécules peuvent se combiner pour former un nouveau composé appelé copolymère.

La longueur de ces chaînes et les combinaisons de molécules sont illimitées. C'est pourquoi les scientifiques développent sans cesse de nouvelles matières plastiques.

Qu'est-ce qu'une arme chimique ?

À la télévision, tu as certainement vu des images des forces de l'ordre qui utilisent des bombes lacrymogènes pour traquer un criminel retranché dans un immeuble ou pour disperser des manifestants.

Le gaz lacrymogène est l'un des nombreux gaz mis au point en raison de leur effet sur le corps humain. Heureusement, le gaz lacrymogène n'a qu'un effet temporaire. Dès que la victime quitte la zone contaminée, elle se rétablit. Le gaz lacrymogène irrite les muqueuses des yeux, provoquant de ce fait de vives douleurs, un flot de larmes et des problèmes de vision.

Sous sa forme pure, le gaz lacrymogène est une matière solide qui ressemble à du sucre ou à du sel ordinaires. Cette matière doit être chauffée pour se transformer en gaz lacrymogène.

D'autres gaz sont incapacitants. Ils paralysent la victime. D'autres encore peuvent blesser ou tuer. Tous ces gaz sont des armes chimiques.

Il existe plusieurs types d'armes chimiques.

- Les gaz asphyxiants affectent la respiration et les poumons. La victime se met à tousser et éprouve une détresse respiratoire.
- Les gaz vésicants provoquent des brûlures et des ampoules. Ils détruisent également les tissus vivants et affectent toute partie du corps avec laquelle ils entrent en contact, et en particulier les muqueuses.
- Les gaz sternutatoires font éternuer la victime. Ils provoquent une vive douleur au niveau du nez.
- D'autres gaz touchent directement le cœur et les nerfs. La victime est prise de nausées et de convulsions. Ces gaz peuvent être mortels.

Pourquoi la Terre se réchauffe-t-elle ?

Tu as certainement entendu parler de CO_2. C'est le dioxyde de carbone. Ce gaz est responsable du réchauffement de la planète. À vrai dire, le dioxyde de carbone est en lui-même un gaz parfaitement inoffensif. Il intervient dans de nombreux processus naturels.

Le dioxyde de carbone se libère lors de la combustion des combustibles fossiles et du bois. Le pétrole, le gaz naturel et le charbon sont des combustibles fossiles. Les hommes utilisent les combustibles fossiles pour chauffer leurs maisons, produire de l'électricité et rouler en voiture. Suite à ces activités, le dioxyde de carbone se retrouve dans l'atmosphère.

Pendant des siècles, la quantité de CO_2 dans l'atmosphère est restée inchangée. Jusqu'au XVIIIe siècle, le taux de CO_2 était approximativement de 0,028 %.Vers la fin du XVIIIe siècle, le taux de CO_2 a brutalement augmenté. Cette hausse coïncide avec le début de l'ère industrielle. C'est à cette époque que l'homme a commencé à utiliser le charbon comme combustible. Depuis lors, le taux de CO_2 dans l'air n'a cessé d'augmenter. Pour l'an

2050, les scientifiques s'attendent à ce que la quantité de CO_2 ait doublé par rapport à son niveau du XVIIIe siècle.

La combustion des combustibles fossiles tels que le lignite, le charbon, le pétrole et le gaz est l'une des principales causes de l'augmentation du taux de CO_2 dans l'atmosphère. Mais le déboisement joue également un rôle important. Les plantes et les arbres transforment le dioxyde de carbone et l'eau en glucose et en oxygène. La déforestation a réduit le processus de transformation du CO_2.

L'augmentation de la quantité de dioxyde de carbone dans l'atmosphère est l'une des raisons qui expliquent le réchauffement de la planète.

Chapitre 2 :

DES TECHNIQUES ÉTONNANTES

Comment produit-on de l'électricité ?

Notre société est inconcevable sans électricité. As-tu déjà compté le nombre d'appareils qui fonctionnent à l'électricité dans ta maison ? La liste est longue, n'est-ce pas ? La télévision, la radio, le lecteur CD, le réfrigérateur, le four à micro-ondes, le percolateur, le lave-vaisselle, la sonnette de la porte d'entrée, l'éclairage… Et tu en as certainement encore d'autres !

L'électricité est un phénomène naturel. Il y a plus de deux mille ans, ce phénomène intriguait déjà le savant grec Thalès. Il avait constaté que l'ambre avait la particularité d'attirer des morceaux de paille lorsqu'on le frottait à l'aide d'une peau de chat. Il fallut quand même attendre très longtemps avant de voir les hommes produire et utiliser de l'électricité.
Le savant italien Alessandro Volta fut le premier à y réussir. En 1800, il mit au point la première pile électrique. Le premier

générateur, une machine permettant de produire de l'électricité, fut construit en 1831 par l'Anglais Michael Faraday. Il se compose d'un aimant entouré d'une bobine de fil de cuivre. Le générateur de Faraday était alimenté par une machine à vapeur.

Actuellement, les grandes centrales utilisent encore la vapeur pour produire de l'électricité. La vapeur s'obtient par la combustion de charbon, de gaz, de pétrole ou encore par l'énergie nucléaire. La vapeur d'eau sous très haute pression est envoyée à travers des canalisations vers une turbine qui alimente un grand générateur.

On pourrait comparer une centrale électrique à une dynamo de bicyclette. La dynamo se compose également d'une barrette magnétique et d'une bobine de fil de cuivre. La molette située au-dessus de la dynamo représente la turbine. Ce n'est pas la vapeur, mais la roue de la bicyclette qui fait tourner la bobine de la dynamo.

Qu'est-ce que la cage de Faraday ?

Le savant anglais Michael Faraday a fait de nombreuses recherches dans le domaine de l'électricité. Elles lui permirent de découvrir qu'il n'y a pas de champ électrique à l'intérieur d'une cage métallique, même si celle-ci est mise sous tension électrique. La tension reste à l'extérieur. À l'intérieur de la cage, on ne ressent rien. Une cage métallique de ce type s'appelle une cage de Faraday.

C'est pourquoi on est parfaitement en sécurité à l'intérieur d'une voiture lors d'un orage. La voiture est en effet une cage métallique et elle agit comme une cage de Faraday.

Qu'est-ce qu'un transformateur ?

Certains appareils ne peuvent pas être directement branchés sur la prise de courant sous peine d'être endommagés ou de ne pas fonctionner. Tout simplement parce que ces appareils ne fonctionnent pas à la même tension que l'électricité qui sort de la prise de courant. Pour comprendre ce qui précède, tu dois savoir ce qu'est la tension électrique.

La tension électrique peut se comparer à la pression de l'eau dans les canalisations. Si tu ouvres un robinet, l'eau se met à couler, que tu habites au rez-de-chaussée ou au dixième étage. La pression dans les canalisations fait que tu peux également prendre ta douche au dixième étage. La tension électrique est la différence de charge entre deux points. Cette différence fait que le courant électrique s'établit automatiquement lorsqu'on relie ces deux points.

La tension électrique s'exprime en volts. Le volt est une unité électrique qui doit son nom au savant italien Alessandro Volta. Le courant qui sort de la prise de courant a une tension de 220 volts. Certains appareils ont besoin d'une tension inférieure. Les composantes électroniques d'un téléviseur fonctionnent sur 12 volts. D'autres nécessitent une tension plus élevée. Le tube cathodique d'un téléviseur nécessite une tension comprise entre 15 000 et 25 000 volts.

Le transformateur abaisse ou élève donc la tension du courant qui sort de la prise pour l'adapter à la tension nécessaire au fonctionnement de l'appareil électrique. C'est une boîte où entre un courant de 220 volts et dont ressort un courant de 12 volts, par exemple.

Le transformateur contient deux bobines de cuivre. Le courant de 220 volts traverse la première bobine et crée un champ magnétique qui provoque un courant électrique dans la seconde bobine. Les bobines sont conçues de telle manière que la seconde bobine fournit la tension nécessaire au fonctionnement de l'appareil.

Comment fonctionne un appareil de radiographie ?

Imaginons que tu sois tombé et que tu aies très mal au bras. À la surface de ta peau, tu ne vois aucune blessure. Pour voir si tu n'as rien de cassé à l'intérieur, il va falloir que tu passes un examen médical : une radio. Un appareil de radiographie permet au médecin d'examiner l'intérieur de ton corps. C'est un appareil très pratique en cas de fracture, par exemple. Le médecin voit immédiatement où se situe la fracture et si elle est grave.

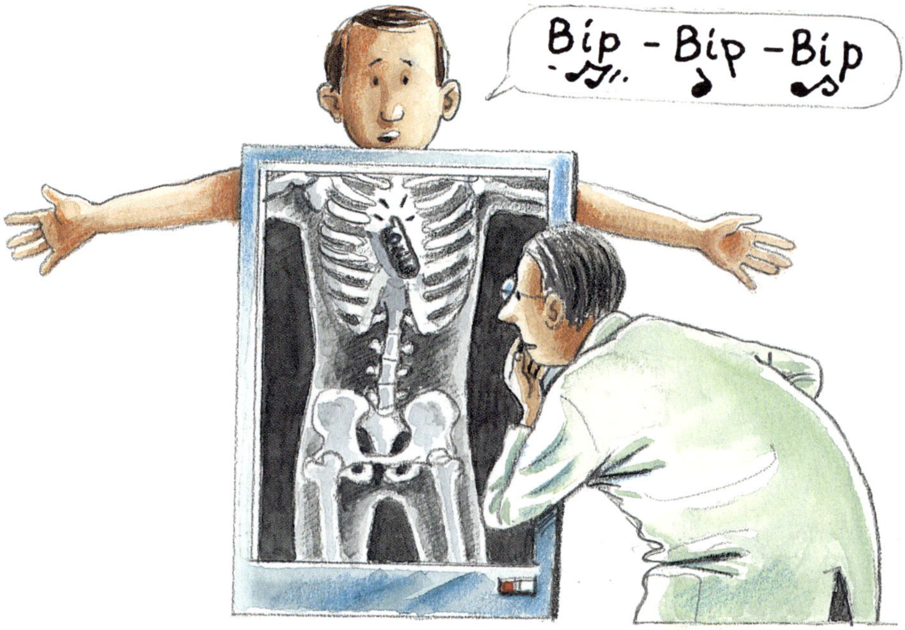

Un appareil de radiographie utilise des rayons X. Ces rayons présentent la particularité de pouvoir traverser entièrement ou partiellement les objets. La quantité de rayons que l'objet laisse passer dépend de sa densité. La densité d'une matière est déterminée par la distance qui sépare les toutes petites parties qui la composent. Plus ces petites parties sont proches les unes des autres, plus grande sera la densité de cette matière. La densité du métal est supérieure à celle du bois. Les os sont également plus denses que les tissus. Plus l'objet est dense, moins il laisse passer les rayons.

Lorsque le docteur radiographie une partie de ton corps, il envoie un faisceau de rayons X à travers cette partie de ton corps. Tes os laissent passer moins de rayons que tes muscles, ton cœur ou tes poumons. Les rayons qui traversent ton corps s'impriment sur la pellicule photographique spéciale qui se trouve de l'autre côté de l'appareil, exactement comme dans un appareil-photo. Cette technique permet de visualiser la partie du corps qui vient d'être radiographiée. Les parties du corps qui laissent passer moins de rayons apparaissent plus blanches sur la radio que celles qui laissent passer beaucoup de rayons. Les tissus mous apparaîtront dans toutes les nuances de gris et l'air apparaîtra noir sur la radio. Le médecin peut alors analyser ce qu'il voit sur l'image et poser un diagnostic. On peut faire une radiographie de n'importe quelle partie du corps. Le médecin qui s'occupe des radiographies s'appelle un radiologue.

Les rayons X ont été découverts en 1895 par le physicien allemand Wilhelm Röntgen. Ce sont des rayons électromagnétiques, tout comme la lumière infrarouge, la lumière visible, la lumière ultraviolette et les ondes radio. La toute première radiographie réalisée par Röntgen fut celle d'un coffre contenant des poids métalliques. Par la suite, il fit celle de la main de sa femme : on y voyait très bien toutes les phalanges (les os des doigts), ainsi que son alliance. En 1901, Röntgen reçut le tout premier prix Nobel de physique de l'Histoire.

Aujourd'hui, la radiographie a dépassé les frontières du médical. On la retrouve dans de nombreux autres domaines : en technologie pour contrôler les matériaux, en art pour voir les différentes couches de peinture d'un tableau ou encore en archéologie pour dater un objet.

Les rayons X sont-ils dangereux ?

Dans les hôpitaux, les radiologues veillent à ne pas exposer le patient à un rayonnement qui pourrait être dangereux. N'oublie pas que nous sommes exposés en permanence à un rayonnement naturel du même type. Les doses utilisées lors de ces examens médicaux sont comparables au rayonnement naturel.

Pourquoi la limonade pétille-t-elle ?

Lorsque tu verses de la limonade ou de l'eau gazeuse dans un verre ou lorsque tu ouvres une canette, la boisson se met à pétiller. Ce pétillement s'explique par le fait que les boissons gazeuses contiennent du gaz carbonique. Le gaz carbonique est un autre nom pour le dioxyde de carbone ou CO_2, qui est un gaz parfaitement inoffensif.

Au XVIIIe siècle, le chimiste anglais Joseph Priestley découvrit qu'il était possible d'ajouter du gaz carbonique à l'eau. Peu de temps après, la première usine de soda ouvrit ses portes. Sa recette s'inspirait d'une boisson italienne du XVIIe siècle : un mélange de jus de limon (un fruit proche du citron), de sucre et d'eau. Cette boisson fut appelée limonade.

Les boissons gazeuses ont longtemps été réservées aux riches. La première usine de limonade ne pouvait fabriquer que trois bouteilles à l'heure. Tu comprends donc pourquoi cette boisson n'était pas bon marché. Les usines actuelles remplissent des dizaines de milliers de canettes ou de bouteilles à l'heure.

Les sodas se composent généralement de trois ingrédients : sirop, eau et gaz carbonique. Le sirop est l'ingrédient le plus important et il s'obtient en diluant du sucre dans l'eau. Le sucre est parfois remplacé par des édulcorants (des matières sucrantes). L'eau peut être simplement de l'eau du robinet ou de l'eau minérale. Dans les usines qui fabriquent de la limonade, on purifie toujours l'eau et, parfois, on la détartre (on enlève le tartre qu'elle contient). Puis en fonction de la boisson à préparer, on ajoute du jus de fruits, des arômes, des extraits et/ou des additifs. Dans un malaxeur, on mélange ensuite ce sirop à l'eau et au gaz carbonique dans des proportions jalousement gardées par chaque fabricant.

Lorsque tu ouvres une bouteille ou une canette de limonade, le gaz carbonique s'échappe peu à peu sous la forme de bulles.

D'où viennent les diamants ?

Le diamant est une pierre précieuse entièrement constituée de carbone, comme le lignite ou encore le charbon. Les molécules de carbone du diamant se cristallisent sous une pression énorme et à une température de plus de 1 000 °C. On comprend pourquoi le diamant est une pierre très dure. En fait, aucune autre matière naturelle n'est plus dure que le diamant. Cela veut dire qu'aucune autre matière ne le raye.

Les diamants se forment dans les entrailles de la Terre. À une profondeur de 150 ou 200 kilomètres, la pression et la température sont telles qu'elles parviennent à cristalliser les molécules de carbone. Lors d'éruptions volcaniques, le magma qui contient les cristaux de diamant achemine les diamants vers la surface.

Jusqu'au XVIIIe siècle, les diamants provenaient des rivières de l'Inde. Ensuite, on découvrit des diamants au Brésil. Durant la seconde moitié du XIXe siècle, on trouva encore des diamants en Afrique du Sud. Armés de leurs pelles, pics et pioches, de nombreux aventuriers partirent s'installer en Afrique du Sud avec l'espoir d'y faire rapidement fortune. Plus tard, on créa des entreprises qui pouvaient exploiter le diamant en creusant le sol à l'aide de gigantesques engins de terrassement.

Les méthodes d'extraction dépendent de l'endroit où se trouvent les diamants. Il est parfois nécessaire de creuser des galeries très profondes pour rechercher la roche qui les abrite. Dans d'autres cas, on creuse la roche qui les contient à l'aide d'énormes engins

Y a-t-il des diamants synthétiques ?

Comme le diamant est une pierre très dure, il convient idéalement à la fabrication d'outils de coupe tels que les scies et les foreuses. Malheureusement, le diamant est rare et cher. C'est pourquoi on a cherché à fabriquer des diamants de synthèse. La méthode la plus utilisée consiste à imiter la nature : on porte une barrette de graphite à 1 600 °C et on la soumet à une pression extrêmement élevée. Cette pression peut atteindre les 60 000 bars, autrement dit, elle peut être 60 000 fois plus importante que la pression atmosphérique !

dans des mines à ciel ouvert. D'autres sociétés prospectent les plages et le lit des rivières. La prospection du diamant n'est pas un travail de tout repos, car les diamants sont des pierres précieuses extrêmement rares. Pour trouver 1 carat ou 0,2 gramme de diamant taillé, il faut traiter en moyenne 250 tonnes de pierres, de gravier et de sable.

Comment fonctionne une pile ?

De nombreux appareils électriques fonctionnent sur piles : torches électriques, radios portables, téléphones mobiles, lecteurs MP3… Même s'il existe plusieurs formats et types de piles, elles fonctionnent toutes selon le même principe.
Si tu observes attentivement une pile, tu remarques qu'elle présente deux pôles. Le pôle positif est signalé à l'aide d'un signe +, le pôle négatif à l'aide d'un signe –. Lorsqu'on relie ces deux pôles, les électrons se déplacent du pôle négatif vers le pôle positif. Ce courant électrique fournit l'énergie dont l'appareil a besoin

pour pouvoir fonctionner.

Dans une pile, les électrons sont produits par une réaction chimique. La première pile fut réalisée en 1800 par le physicien italien Alessandro Volta. Il fabriqua une colonne en empilant alternativement des rondelles de zinc et de cuivre, séparées par des rondelles de feutre imprégnées d'eau salée. Les rondelles métalliques s'appellent les électrodes. L'eau salée est l'électrolyte. Actuellement, les piles sont toujours constituées d'électrodes et d'un électrolyte. Ces électrodes peuvent être deux métaux différents ou encore un métal et un carbone. Plusieurs composés chimiques peuvent faire fonction d'électrolyte. Le courant électrique est produit par la réaction chimique de l'électrolyte avec l'électrode du pôle négatif. Cette réaction libère des électrons qui migrent vers l'électrode du pôle positif lorsqu'on relie ces deux pôles.

Le verre peut-il être souple ?

Tout le monde connaît le verre. C'est un matériau dur et transparent. Pour fabriquer du verre, on mélange du sable, de la soude, de la potache et de la chaux. On chauffe le tout à environ 1300° C et le mélange devient une pâte avec laquelle on peut fabriquer, par exemple, des bouteilles. Ensuite, en refroidissant, le verre devient dur.

On a du mal à s'imaginer que le verre puisse également être souple et élastique. C'est pourtant le cas d'un verre fait avec des brins minuscules : la fibre de verre.

La fibre de verre connaît de nombreuses applications. Elle s'utilise, par exemple, comme matériau d'isolation dans les immeubles ou comme filtre d'épuration de l'air. Dans ce contexte, on l'appelle parfois laine de verre. La laine de verre est légère, pelucheuse, souple et élastique.
Les matières premières nécessaires à la fabrication de la laine de verre sont les déchets de verre, le sable quartzeux, la soude et le calcaire. Ce mélange est fondu dans un four. La matière vitreuse s'obtient à une température de 1 100 °C. Le verre en fusion est ensuite versé dans des cylindres qui tournent très vite. Les parois de ces cylindres sont percées de petits trous par lesquels le verre liquide est expulsé. C'est ainsi que se forment les fibres qui serviront à fabriquer la laine de verre.
La fibre de verre possède des caractéristiques intéressantes. Elle résiste aux hautes températures et aux acides, elle ne rétrécit pas, ne s'étire pas et ne pourrit pas. Ces propriétés en font une matière extrêmement utile pour renforcer d'autres matériaux ou pour des applications plus spécifiques. Les panneaux de fibre de verre servent, par exemple, à consolider les coques des bateaux et les carrosseries automobiles. Certains bateaux sont même entièrement fabriqués en fibre de verre.
La fibre de verre s'utilise aussi pour fabriquer des pare-soleil, des stores, des couvertures antifeu et des revêtements muraux. Si tu te casses le bras, il y a de fortes chances que le médecin pose un bandage en fibre de verre.
Les rouleaux et les tissus de fibre de verre sont fabriqués à partir de filaments de verre, qui sont plus fins qu'un cheveu humain. Les filaments de verre s'obtiennent à partir du verre en fusion. La base du four est munie de filières par où sortent les filaments.

Qu'est-ce que la fibre optique ?

La fibre optique est une application particulière de la fibre de verre. La fibre optique s'utilise pour relier des centrales téléphoniques, des réseaux informatiques et d'autres réseaux de communication. Elle présente l'avantage de pouvoir transmettre plus d'informations en même temps et sur une plus grande distance. Un brin de fibre optique plusieurs fois plus fine qu'un cheveu humain peut transmettre jusqu'à quatre-vingt mille communications téléphoniques simultanément. Cela s'explique par le fait que les informations ne sont pas transportées par l'électricité, mais bien par la lumière. Le verre utilisé dans la confection de la fibre optique est d'une qualité exceptionnelle. C'est le verre le plus pur qui existe. Si l'on remplaçait l'eau des océans par ce verre, il serait possible d'observer les fonds marins depuis la surface.

Comment fabrique-t-on le chocolat ?

Tu sais sans aucun doute que le chocolat est fabriqué à partir des fèves de cacao. Les fèves de cacao furent importées en Europe en 1521 par les Espagnols qui les avaient découvertes en Amérique du Sud. Les Mayas et les Aztèques qui habitaient le Yucatan au Mexique furent les premiers cultivateurs de cacaoyer. Ils utilisaient les fèves de cacao comme monnaie d'échange. Un lapin valait dix fèves. Pour un esclave, il fallait compter cent fèves. Ils fabriquaient aussi une boisson à partir de ces fèves, qui s'appelait *xocoatl* et qui est à l'origine du mot chocolat. Pour fabriquer le xocoatl, les fèves de cacao étaient grillées. Ensuite, elles étaient écrasées pour former une pâte épaisse à laquelle ils ajoutaient de l'eau et des épices (de la vanille, du poivre et même parfois des piments !).

Les Espagnols améliorèrent la recette en y ajoutant du miel et du sucre. Ils gardèrent jalousement la recette de ce divin breuvage. Il fallut attendre le XVIIe siècle pour voir le cacao conquérir le reste de l'Europe. Au début, le cacao était une boisson extrêmement chère. Les médecins lui prêtaient mille vertus : elle fut prescrite pour traiter d'innombrables maladies.

À la même époque, on découvrit le procédé de fabrication du chocolat. Depuis lors, la méthode n'a cessé de se perfectionner.

Dans une chocolaterie, les fèves de cacao sont d'abord nettoyées de manière à éliminer les cailloux et les déchets végétaux. Elles sont alors torréfiées (grillées) dans un tambour avant d'être concassées. Ce concassage vise à séparer les coques des fèves proprement dites. Les fèves débarrassées de leur coque sont ensuite broyées afin d'obtenir la pâte de cacao. Sous l'influence de la pression, la pâte de cacao riche en huile devient liquide. On obtient le beurre de cacao à partir de cette pâte de cacao.

L'étape suivante consiste à ajouter à la pâte les ingrédients tels que le sucre, le beurre de cacao, la poudre de lait… Les ingrédients utilisés et les proportions dépendent du chocolat que l'on souhaite fabriquer. La pâte de cacao passe alors dans un laminoir afin de l'affiner et de la liquéfier encore davantage.

Une fois que la pâte a été broyée, on ajoute encore du beurre de cacao avant de la verser dans des cuves où elle est réchauffée et malaxée durant deux ou trois jours par des rouleaux en granit. Cette opération, qui s'appelle le conchage, vise à éliminer l'acidité naturelle des fèves de cacao et à affiner le goût de la pâte.

Après le conchage, la pâte est refroidie. On ajoute encore éventuellement des ingrédients tels que des raisins secs ou des noisettes. Ensuite, la pâte est versée dans des moules. Lors de cette opération, la bande transporteuse vibre de manière à éliminer toutes les bulles d'air. A présent, il ne reste plus qu'à laisser refroidir le chocolat et à le démouler. Le chocolat est enfin prêt !

Il existe trois sortes de chocolat : le noir, le chocolat au lait et le blanc. Pour obtenir du chocolat noir, on mélange de la pâte de cacao, du beurre de cacao, du sucre et de la lécithine (un liant). Pour du chocolat au lait, on ajoute de la poudre de lait et, pour le blanc, on oublie la pâte de cacao, responsable de la couleur brune.

Qu'est-ce qu'un laser ?

La lumière produite par le soleil ou les lampes de nos maisons est constituée d'ondes lumineuses de longueurs d'onde différentes. Ces ondes lumineuses se déplacent dans toutes les directions. Elles transportent une faible quantité d'énergie.

La lumière d'un faisceau laser diffère de la lumière normale. Si tu as déjà vu un rayon laser, tu as certainement pu constater qu'il est constitué d'un faisceau très concentré d'ondes lumineuses qui partent toutes dans la même direction. La lumière laser est rectiligne parce que toutes les ondes lumineuses ont la même longueur d'onde. Très intense, la lumière permet également le transport de l'énergie.

Le faisceau laser est généré par un appareil appelé laser. Le mot laser est l'abréviation de « Light Amplification by Stimulated Emission of Radiation », autrement dit « amplification de la lumière par l'émission stimulée d'une radiation ». Un laser simple se compose de trois éléments : un flash, un médium qui produit le faisceau laser (par exemple des gaz ou des cristaux) et deux miroirs situés de part et d'autre du médium. Le miroir à la sortie n'est qu'à moitié réfléchissant.

Le flash éclaire le médium. Les ondes lumineuses du flash provoquent des réactions violentes dans les atomes du médium. À leur tour, ces atomes produisent de la lumière. Cette lumière est réfléchie par les miroirs et renvoyée dans le médium. De ce fait, un nombre toujours plus grand d'atomes du médium vont produire une quantité toujours plus importante d'ondes lumineuses. Ce processus se répète jusqu'à ce que le faisceau soit tellement puissant qu'il sort par le miroir à moitié réfléchissant. C'est le faisceau laser.

Les applications du laser sont extrêmement nombreuses. Au supermarché, la caissière utilise un lecteur afin de scanner les codes-barres des marchandises qui passent à la caisse. Le faisceau laser du lecteur CD sert à lire le disque compact. Les médecins recourent au laser pour des opérations très précises. L'industrie utilise les lasers pour découper des matières fragiles ou lourdes, mais également pour souder, forer ou graver.

Comment fabrique-t-on du papier ?

Même si nous vivons à l'ère de l'informatique, nous pouvons mal imaginer un monde sans papier. En effet, le papier figure parmi les matières les plus utilisées. Rares sont les secteurs d'activité qui n'utilisent pas de papier.

Nous devons l'invention du papier à Lun Tsai, un officier de la cour impériale chinoise. Vers 105, il montra quelques feuilles de papier à l'empereur Han Ho Ti. Il avait obtenu sa pâte à papier à l'aide de bambou et d'écorce d'arbre. Plus tard, on rajouta de vieux chiffons et des filets de pêche réduits en bouillie à la préparation. Avant l'invention du papier, les Chinois écrivaient sur du bambou ou des bandes de soie. Les livres en bambou étaient très lourds à manipuler. Les livres en soie étaient extrêmement chers. Le papier était une solution à la fois pratique et économique.

Les Chinois gardèrent jalousement le secret de la fabrication du papier durant des siècles. Ce n'est que vers le milieu du VIIIe siècle que des artisans chinois, capturés par les Arabes, dévoilèrent leur secret. Les Arabes répandirent la méthode de fabrication en Europe vers la fin du XIIe siècle. Le papier mit plusieurs siècles à conquérir toute l'Europe. Dans nos régions, on a commencé à fabriquer du papier au XVIe siècle.

En Europe, le papier était essentiellement fabriqué à partir de matières textiles. Actuellement, la principale matière première est le bois, même si le coton entre encore dans la fabrication de papiers spéciaux. Le papier recyclé est, quant à lui, fabriqué à l'aide de vieux papier. En fait, pour fabriquer du papier, on peut utiliser n'importe quelle matière, à condition qu'elle contienne suffisamment de fibres végétales. Le papier est d'ailleurs un feutrage naturel de fibres végétales, également appelées cellulose.

Pour fabriquer du papier, on commence par faire tremper la matière première afin d'obtenir de la pulpe. Ce trempage s'effectue dans de grandes cuves appelées pulpeurs. La matière première est alors triturée dans une raffineuse conique jusqu'à obtention d'une pâte. Celle-ci est stockée dans des réservoirs, où elle est malaxée et épurée. Ensuite, la pâte arrive à la tête de pont, où l'on ajoute divers additifs tels que des charges minérales, des adjuvants et des colorants. La pâte est encore diluée. À ce stade, la pâte passe dans la machine à papier. Elle est projetée sur un tamis, égouttée et pressée. La feuille est ensuite séchée dans un système de rouleaux chauffés avant d'être embobinée.

Chapitre 3 :

OUTILS, MOTEURS ET MACHINES

Qu'appelle-t-on la révolution industrielle ?

La seconde moitié du XVIIIe siècle connut une révolution qui allait rapidement bouleverser le monde. Jamais encore la civilisation humaine n'avait fait pareil bond en avant. Ce bouleversement fut appelé la révolution industrielle, parce qu'il a profondément changé la manière de fabriquer des produits et des marchandises. Auparavant, la majorité des gens vivait de l'agriculture et le pouvoir était détenu par les propriétaires terriens. Lors de la révolution industrielle, les gens migrèrent vers les villes et le pouvoir passa aux mains des propriétaires des usines et des entreprises.

La révolution industrielle fut rendue possible grâce à une série d'inventions, dont la plus importante fut probablement la machine à vapeur. Cette machine permit la construction de machines plus grandes et plus performantes. Avant l'invention de la machine à vapeur, l'homme devait utiliser sa propre force physique, le travail des animaux ou l'énergie produite par l'eau ou le vent pour faire tourner les machines. Grâce à ces grandes machines, il devint possible de fabriquer davantage de produits et de marchandises, à une vitesse élevée et à un coût moindre. Les machines furent construites à proximité des gisements de matières premières et des nouveaux marchés.

Plus on produisait, plus les besoins en matières premières telles que le charbon, le fer et l'acier augmentaient. On recourut à de nouvelles techniques pour exploiter les matières premières et pour améliorer la qualité des produits. Pour vendre leurs produits, les entreprises partirent à la recherche de marchés lointains. Afin de faciliter le développement du commerce, on se mit à aménager de nouvelles routes et voies ferrées, à creuser des canaux et à construire de grands bateaux de marchandises.

La révolution industrielle n'eut malheureusement pas que des effets positifs. Les artisans qui travaillaient pour leur propre compte ne pouvaient plus faire face à la concurrence des usines. Avec les agriculteurs les plus pauvres, ils migrèrent vers les villes pour y travailler dans les usines. Les conditions de vie étaient difficiles en ville. Dans les usines, les conditions de travail étaient souvent mauvaises. C'est pourquoi les travailleurs s'organisèrent en syndicats afin d'améliorer leur existence quotidienne.

L'environnement paya également un lourd tribut à la révolution industrielle. Les fumées produites par les usines, l'industrie et les nouveaux moyens de transport polluaient l'environnement. En raison de l'accroissement continuel de la production, les réserves de matières premières commencèrent à diminuer dans des proportions inquiétantes. D'autres formes de pollution, telles que les déchets nucléaires, les pesticides et d'autres produits chimiques, sont la conséquence de la révolution industrielle.

Comment fonctionne une éolienne ?

Les moulins à vent existent depuis de nombreux siècles. Les premiers moulins à vent furent construits en Perse au VIIe siècle. Quelques siècles plus tard, les Chinois utilisaient des moulins à vent pour le pompage de l'eau et l'irrigation des rizières. Ces moulins à axe vertical s'appelaient des panémones.

Les premiers moulins à vent sont apparus en Europe vers 1300. Ces moulins à axe horizontal s'utilisaient pour moudre le grain, scier le bois et pomper l'eau. Aux Pays-Bas, les moulins à vent jouaient un rôle déterminant, car ils servaient à assécher les plaines marécageuses.

Les ailes du moulin tournent grâce à l'action du vent. Les ailes des anciens moulins présentaient une armature de bois sur laquelle était tendue une toile. Même lorsque le vent souffle perpendiculairement aux ailes, elles tournent parce que les toiles sont placées légèrement en oblique.

Les moulins à vent modernes, les éoliennes, sont en métal. Leurs ailes ressemblent à de gigantesques hélices d'avion. Ces éoliennes servent à produire de l'électricité. La première éolienne conçue pour produire de l'électricité fut construite en 1891 par le Danois Poul Lacour. Mais elle était bien seule face aux centrales électriques classiques. Actuellement, on recourt de plus en plus à l'énergie éolienne parce qu'elle est respectueuse de l'environnement.

Qu'est-ce qu'un levier ?

On trouve des leviers pour ainsi dire partout. Ce sont des outils pratiques qui permettent d'accroître notre force : le casse-noix, le tire-bouchon, les ciseaux, la balançoire à bascule, la grue et… ton bras sont des leviers. Un levier exerce une force par rotation autour d'un point d'appui.

Le fonctionnement d'un levier s'explique par un principe de physique. Selon ce principe, la quantité de travail fourni est égale à l'intensité de la force exercée, multipliée par le déplacement. Cela semble difficile, mais tu vas voir que le principe est moins compliqué qu'il n'y paraît.

Et pourquoi ne testerais-tu pas ce principe ? Invite un ami à venir jouer sur une balançoire à bascule. Installez-vous de part et d'autre de la balançoire en veillant à garder les pieds sur le sol. La balançoire à bascule penchera du côté du plus lourd.

Si tu as le même poids que ton ami, la bascule reste en équilibre. Toujours à poids égal, si tu te rapproches du centre de la bascule, tu remarqueras que la balançoire se soulève de ton côté. Prends garde de ne pas tomber.

Faisons un rapide calcul pour comprendre ce qui se passe. Imaginons que ton ami et toi pesiez chacun 40 kilos. Si vous vous trouvez tous les deux à une distance de 1,5 mètre du point d'appui, chacun doit fournir la même quantité de travail pour soulever l'autre, c'est-à-dire 60 (40 kilos x 1,5 mètre). La bascule est à ce moment-là en équilibre.

Si ton ami reste assis à une distance de 1,5 mètre du point d'appui, mais que toi tu te rapproches du centre de la bascule, par exemple à 0,5 mètre, tu vas constater que les choses changent. La bascule n'est plus en équilibre : elle va se soulever de ton côté. Ton ami fournit toujours le même travail de 60 (chez lui, rien n'a changé), alors que toi tu ne fournis plus qu'une quantité de travail de 20 (40 kilos x 0,5 mètre). Vous appliquez tous les deux une aussi grande force, mais, à cause de la différence de distance, ton ami fournit une plus grande quantité de travail que toi.

Pour que la bascule soit de nouveau en équilibre, il y a deux possibilités. La première est de t'éloigner à nouveau du point d'appui et de t'asseoir à la même distance que ton ami (1,5 mètre). La seconde est d'appliquer une plus grande force. La bascule sera de nouveau en équilibre si tu fournis un travail de 60, comme ton ami. Pour cela, tu devras peser 120 kilos (60 : 0,5 mètre) ! Prends des poids avec toi ou demande à deux autres amis de 40 kilos chacun de venir s'asseoir à côté de toi, par exemple.

Tu comprends à présent pourquoi un levier permet de soulever de très lourdes charges. Plus la distance entre le point d'appui et le point de pression est grande, moins il faut de force pour soulever un objet. Le levier est une machine très simple, mais qui permet de soulager le travail des hommes.

Pourquoi les grues ne tombent-elles pas ?

La plupart des grands chantiers se caractérisent par la présence d'une grue. Haute de plusieurs dizaines de mètres, cette grue s'aperçoit de très loin. Son impressionnante flèche peut également avoir une portée de plusieurs dizaines de mètres. Les ouvriers du bâtiment utilisent la grue pour soulever des matériaux lourds, tels que le béton et l'acier, ainsi que les machines dont ils ont besoin. Certaines grues sont capables de soulever dix-huit tonnes !

Et pourtant, ces grues ne se renversent pas, parce qu'elles sont solidement fixées à un lourd socle en béton. On coule d'abord la dalle avant de monter la grue. Le socle peut peser plus de cent quatre-vingts tonnes.

Et que se passe-t-il si l'on suspend une charge très lourde à la grue ? De l'autre côté de la grue se trouve un poids que l'on peut déplacer. La grue est en fait un grand levier. En faisant avancer ou reculer ce poids, on veille à ce que le levier reste en équilibre et que la grue ne tombe pas.

Comment fonctionne la machine à vapeur ?

Pour comprendre le fonctionnement d'une machine à vapeur, il faut observer une bouilloire. Lorsque tu fais chauffer de l'eau dans une bouilloire, tu vois la vapeur s'échapper par le bec. Si tu places un bouchon percé sur le bec de la bouilloire, la vapeur est chassée par le petit orifice avec une telle force que la bouilloire se met à siffler bruyamment.

La machine à vapeur utilise la force de la vapeur pour produire du travail. La chaudière d'une machine à vapeur contient de l'eau qui est portée à ébullition. Cette chaudière est fermée. La chaudière n'est pas munie d'un bec, mais d'un cylindre. Ce cylindre contient un piston mobile. La vapeur ne peut s'échapper que si la pression exercée est suffisante pour relever le piston. La vapeur s'échappe alors par une soupape.

Le piston est relié à un volant d'entraînement à l'aide d'une bielle et d'un vilebrequin. Lorsque le piston est chassé vers le haut par la vapeur, le volant se met en mouvement. Ce même mouvement fait redescendre le piston. La chaudière est de nouveau fermée et le processus peut se répéter à l'infini.

Dans la machine à vapeur, la pression de la vapeur est transformée en une force mécanique qui permet d'entraîner des roues ou d'actionner des machines.

Qui est l'inventeur de la machine à vapeur ?

Bon nombre de scientifiques se sont essayés à fabriquer une machine à vapeur. Ils se heurtaient toujours aux mêmes problèmes. Il fallait, par exemple, porter la vapeur à une pression telle que la chaudière risquait d'exploser ou maintenir en permanence l'eau à son point d'ébullition, ce qui augmentait considérablement la consommation de charbon.

Ce fut James Watt qui inventa en 1769 la première machine à vapeur réellement fonctionnelle. Il découvrit le moyen d'appliquer directement la force de la vapeur sur le piston. La pression de la vapeur chassait le piston dans le cylindre. Le piston revenait ensuite à sa position initiale sous son propre poids et celui de la bielle. La machine à vapeur de Watt présentait cependant un gros inconvénient : elle gaspillait énormément de vapeur parce que la vapeur était injectée dans le cylindre durant tout le cycle.

Plus tard, James Watt ajouta une troisième pièce à sa machine : le condensateur. Il s'agissait d'une chambre spéciale où la vapeur pouvait se refroidir et repasser à l'état liquide. Ce condensateur était relié au cylindre à l'aide de tuyaux et de valves. Même si la présence du condensateur permettait de limiter la consommation de vapeur, elle restait encore très importante.

Les machines à vapeur modernes ont été améliorées. Elles utilisent deux cylindres : l'un est un cylindre à haute pression, l'autre un cylindre à basse pression. La vapeur arrive d'abord dans le cylindre à haute pression et, de là, est poussée dans celui à basse pression. Les deux cylindres actionnent le même vilebrequin qui met les différentes parties de la machine en mouvement. De cette manière, la force de la vapeur est utilisée deux fois.

Comment fonctionne un moteur diesel ?

La plupart des voitures sont équipées d'un moteur à essence. De nombreux conducteurs préfèrent cependant acheter une voiture à moteur diesel pour deux raisons : le prix du diesel est moins élevé que celui de l'essence et la consommation d'une voiture diesel est aussi plus basse.. Les camions et les autobus disposent également d'un moteur diesel.

Contrairement au moteur à essence, le moteur diesel utilise du gazole. Ces deux carburants présentent de grandes différences. Ils ont même une odeur différente. Le gazole est moins volatile que l'essence. Il est également plus lourd et plus huileux.

Le moteur diesel ne fonctionne pas de la même manière que le moteur à essence. Dans un moteur à essence, le mélange air/essence est injecté dans le cylindre, où il est compressé avant d'exploser, enflammé par une étincelle électrique. Dans un moteur diesel, l'air est d'abord injecté dans le cylindre, où il est compressé. Le gazole est injecté par la suite. Au contact de l'air porté à très haute température par la compression, le carburant explose spontanément.

Dans un moteur diesel, la pression est deux fois plus importante que dans un moteur à essence. En raison de cette pression très élevée, le moteur diesel est à la fois beaucoup plus efficace et plus puissant qu'un moteur à essence. De plus, un litre de gazole produit plus d'énergie qu'un litre d'essence, ce qui explique pourquoi les véhicules lourds sont équipés d'un moteur diesel et pourquoi un moteur diesel consomme moins qu'un moteur à essence. Le moteur diesel consomme environ 20 % de moins que le moteur à essence.

Qu'est-ce qu'un cheval-vapeur ?

La puissance d'un moteur s'exprime en chevaux-vapeur. Ce mot fut imaginé par James Watt (l'inventeur de la machine à vapeur) afin de pouvoir comparer la puissance de sa machine à vapeur avec la force d'un cheval. Il calcula la quantité de travail qu'un poney pouvait accomplir en moyenne en une minute dans les mines. Il augmenta cette moyenne de 50 % et l'appela cheval-vapeur (CV ou Ch.). Un cheval-vapeur correspond à la puissance qu'il faut développer pour élever d'un mètre un poids de soixante-quinze kilos en une seconde.

Aujourd'hui, on utilise couramment une autre unité de mesure pour indiquer la puissance des moteurs et des machines : le kilowatt. L'abréviation du kilowatt est kW. 1 cheval-vapeur équivaut à 0, 736 kilowatts. Par contre, les prestations des voitures ou des motos sont encore bien souvent données en CV.

Comment fonctionne un moteur à réaction ?

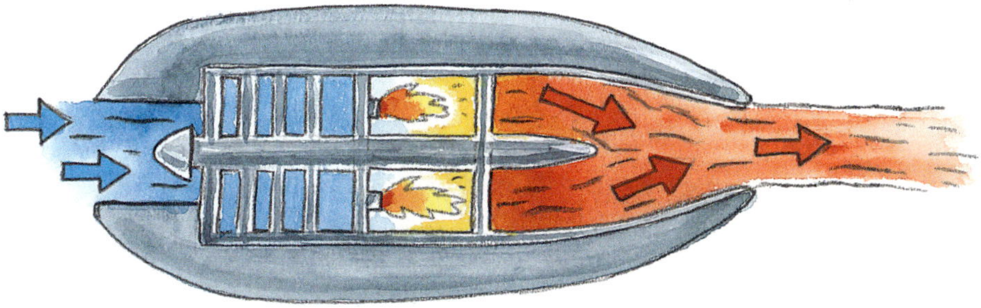

Les avions gros porteurs et les avions de combat actuels sont équipés d'un moteur à réaction. Le principe de la propulsion par réaction était déjà connu il y a plus de deux mille ans. Dans le courant du Ier siècle après Jésus-Christ, le Grec Héron d'Alexandrie inventait l'éolipyle, une turbine à vapeur. Il utilisait déjà la vapeur qui s'échappait d'une boule réchauffée pour la faire tourner à la manière d'une roue.

En fait, le principe du moteur à réaction est extrêmement simple. Tu pourrais comparer un moteur à réaction élémentaire à un tuyau de poêle volant. L'air est aspiré par l'avant dans le moteur où il est compressé. Cette première partie du moteur s'appelle le compresseur. Dans la deuxième partie, la chambre de combustion, l'air est mélangé au carburant et brûlé. La quantité de gaz produite par la combustion est nettement plus importante qu'au début. Cet excédent de gaz est éjecté par l'arrière où il fait tourner la troisième partie, la turbine.

Il existe plusieurs types de moteurs à réaction. Les avions gros porteurs utilisent un turboréacteur à double flux. Il s'agit d'un moteur à réaction équipé à l'avant d'un gros ventilateur destiné à aspirer un surplus d'air afin d'augmenter la puissance du moteur. La turbine fait tourner le ventilateur. Une partie de l'air aspiré est dirigée vers la chambre de combustion. Le reste de l'air est directement envoyé vers l'arrière par des tunnels avant d'être éjecté à grande vitesse par la tuyère.

La troisième loi de Newton

Le fonctionnement du moteur à réaction se fonde sur le principe de l'action et de la réaction. Ce principe fut découvert par Isaac Newton, un scientifique anglais, au début du XVIIIe siècle. Pour toute action, il y a une réaction égale et opposée. C'est la troisième loi de Newton. Tu peux vérifier cette loi à l'aide de l'expérience suivante et tu comprendras le fonctionnement du moteur à réaction. Gonfle un ballon et serre l'embout afin que l'air ne puisse pas s'échapper. L'air se diffuse dans tous les sens et la pression se répartit de manière égale dans le ballon. C'est pourquoi il est parfaitement rond. Si tu lâches l'embout, l'air s'échappe. C'est l'action. La pression de l'air diminue au niveau de l'embout. Ailleurs, elle reste égale. Par réaction, le ballon sera propulsé dans le sens inverse.

Qu'est-ce qu'un radar ?

Le radar possède une multitude d'applications. Il s'utilise dans de très nombreux domaines. Les aiguilleurs du ciel l'utilisent afin que les avions puissent décoller, voler et atterrir en toute sécurité. Le radar permet aussi aux navires de naviguer dans les meilleures conditions et de rentrer à bon port. Sur nos routes, la police contrôle la vitesse des automobilistes à l'aide de radars. De même, les astronomes utilisent des radars pour étudier l'espace.

Quant aux armées, elles recourent aux radars pour détecter les avions et les navires de l'ennemi. Les armées possèdent même des missiles guidés par radar.
Le mot radar est l'abréviation de *RAdio Detecting And Ranging,* ce qui signifie qu'il sert à détecter des objets et à mesurer leur distance à l'aide d'ondes radio.
Afin de mieux comprendre le fonctionnement du radar, tu peux faire l'expérience suivante. La prochaine fois que tu te trouveras dans un parking souterrain, il te suffira de crier très fort. Tu entendras un écho. Plus le cri est puissant, plus l'écho est distinct. Lorsque tu cries, tu émets des ondes sonores. L'écho est la réflexion de ces ondes sonores.
Le radar fonctionne selon le même principe, à la différence qu'il utilise des ondes radio. Ces ondes radio présentent l'avantage de ne pas être arrêtées par les nuages. C'est pourquoi elles sont très utiles pour détecter des objets dans le ciel. Les ondes radio sont impossibles à voir, à entendre ou à sentir. Pour produire des on-

des radio, il faut un émetteur spécial. Pour les recevoir, il faut une antenne.

Le radar commence par émettre un puissant signal radio. Ce signal, qui se diffuse dans toutes les directions, ne dure qu'une microseconde. Ensuite, le radar passe en mode réception : son antenne tourne alors constamment autour de son axe à la recherche d'un écho. Dès qu'il capte un écho, le radar peut calculer avec une très grande précision quelle est la taille de l'objet qui a renvoyé l'écho, ainsi que sa distance et sa vitesse.

Qu'est-ce qu'un gyroscope ?

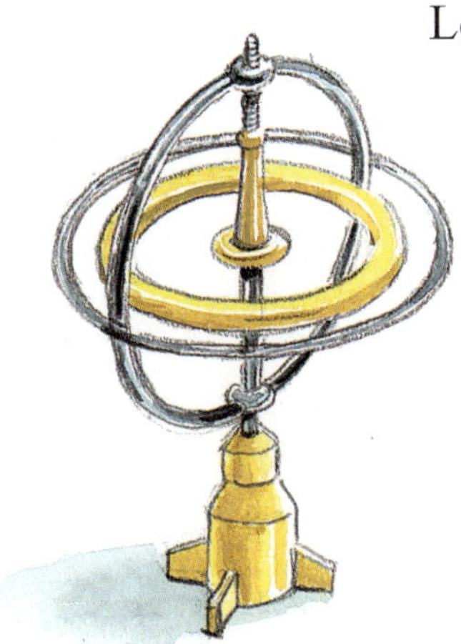

Lorsque tu as appris à rouler à bicyclette, tu as découvert le principe du gyroscope sans même t'en rendre compte. Car c'est le principe du gyroscope qui t'aide à garder l'équilibre lorsque tu te déplaces à vélo.

Un gyroscope est un objet qui tourne autour de son axe. Oui, tu as raison : la roue de bicyclette est un gyroscope. La Terre est également un gyroscope, car cette gigantesque sphère tourne autour de son axe qui va du pôle Nord au pôle Sud.

Il se trouve que les gyroscopes ont une propriété insolite. Lorsqu'un gyroscope tourne très rapidement, son axe conserve une direction constante. Si l'axe subit une force qui le pousse dans une autre direction, le gyroscope essaiera de rétablir la direction de son axe.

Si tu roules à bicyclette, tu as déjà certainement ressenti l'effet

gyroscopique. Lorsque tu prends un virage, tu te penches légèrement dans le sens du virage. La rotation des roues t'évite de tomber. Les roues exercent une force contraire et tentent de ramener les axes à l'horizontale.
Cette propriété fait du gyroscope un instrument particulièrement précieux à bord des navires et des avions. Dans la coque des bateaux se trouvent de grands gyroscopes qui aident à mieux amortir les vagues et qui assurent une plus grande stabilité dans l'eau. Les avions sont également équipés de gyroscopes.

Qu'est-ce qu'un sismographe ?

La télévision nous montre parfois des images de villes d'Amérique du Sud ou d'Asie anéanties par de terribles tremblements de terre. Pourtant, en Europe, nous n'avons pas senti la terre trembler. Dans notre pays, un séisme de ce genre a certainement été enregistré par des chercheurs universitaires. Pour ce faire, les scientifiques utilisent un appareil qui mesure et consigne ces tremblements de terre de manière très précise. Cet instrument s'appelle un sismographe.
Avant de comprendre le fonctionnement d'un sismographe, nous devons nous intéresser aux séismes ou tremblements de terre. Un tremblement de terre est une secousse qui affecte la surface de la Terre. La surface de la Terre, également nommée croûte terrestre, est constituée de plaques gigantesques appelées plaques tectoniques.
Parfois, ces plaques coulissent et frottent l'une contre l'autre. En raison de ce frottement, d'énormes quantités d'énergie s'accumulent dans les plaques. Cette énergie est parfois tellement im-

portante qu'elle provoque un léger déplacement d'une plaque. Ce glissement s'accompagne d'importantes secousses. C'est le tremblement de terre.
Les secousses sismiques sont des ondes qui parcourent la croûte terrestre. Les secousses les plus intenses s'observent près de l'épicentre, l'endroit où le séisme a eu lieu. Plus on s'éloigne de l'épicentre, moins les secousses sont perceptibles. Le même phéno-

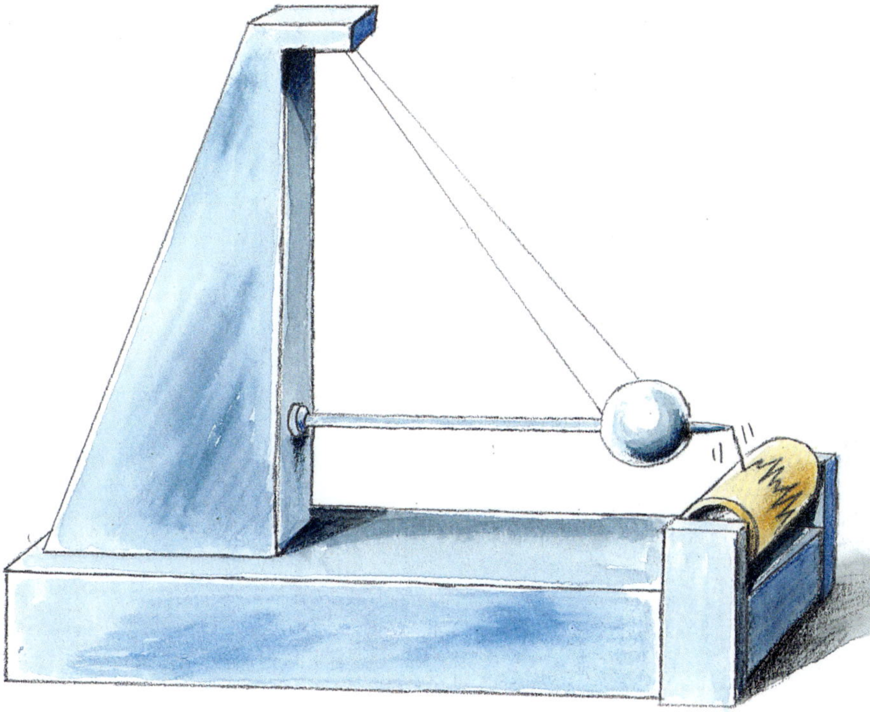

mène s'observe à la surface de l'eau lorsqu'on lance un caillou dans une mare. Les vagues se propagent en s'élargissant.
Si tu habites très loin de l'épicentre, tu ne percevras peut-être pas ces secousses. Le sismographe est un instrument tellement sensible qu'il détecte même les moindres secousses de la croûte terrestre. Cet appareil fonctionne selon le principe suivant :

Imagine une feuille d'enregistrement posée sur une plaque en béton. Cette plaque est munie d'une tige lestée d'un poids auquel est attaché un crayon dont la pointe repose sur la feuille. Lorsque la terre tremble, la plaque et la feuille d'enregistrement bougent. Le poids, quant à lui, reste immobile, car il est suspendu. À chaque secousse, la pointe du crayon trace des lignes sur la feuille d'enregistrement.

Qu'est-ce que l'échelle de Richter ?

L'échelle de Richter s'utilise pour comparer la force – la magnitude – des séismes. Il s'agit d'une échelle logarithmique. Autrement dit, un tremblement de terre de magnitude 5 sur l'échelle de Richter est dix fois plus fort qu'un séisme de magnitude 4 et cent fois plus fort qu'un séisme de magnitude 3.

Les tremblements de terre de magnitude inférieure à 2 sur l'échelle de Richter ne sont pas ressentis par l'homme. La plupart des tremblements de terre ont une magnitude inférieure à 6 sur l'échelle de Richter. Un tremblement de terre de magnitude supérieure à 6 sur l'échelle de Richter peut provoquer d'énormes dommages dans une zone de 100 km à la ronde. Les sismographes ont déjà enregistré des séismes de magnitude 8,6 sur l'échelle de Richter. Ce sont les séismes les plus importants jamais connus.

Qu'est-ce que l'automatisation ?

Tu as certainement déjà entendu parler du mot « automatisation ». Ce mot a la même racine que les mots « automate » ou « automatique ».

L'automatisation est un phénomène qui a provoqué la disparition partielle ou totale de nombreux métiers. Prenons l'exemple du téléphone. Autrefois, si tu voulais appeler un ami au téléphone, une opératrice du standard téléphonique mettait ta ligne téléphonique en contact avec celle de ton interlocuteur. Une personne était donc nécessaire à cette étape du travail. Actuellement, suite à l'automatisation ce n'est plus le cas. Les lignes téléphoniques sont automatiquement connectées parce que les centrales téléphoniques sont automatisées. C'est une machine et non plus une personne qui fait le travail. C'est la raison pour laquelle la profession d'opératrice a désormais disparu.

Lorsqu'elles automatisent, les entreprises remplacent le travail manuel par des machines ou des ordinateurs. Les ordinateurs reprennent les tâches des hommes. Il peut s'agir de tâches simples ou de travaux peu gratifiants que les hommes détestent faire. Les ordinateurs peuvent également effectuer des calculs très complexes ou des tâches extrêmement précises, qui sont très difficiles ou qui prennent trop de temps. À titre d'exemple, les ordinateurs sont capables de diriger un faisceau laser avec une précision de l'ordre du millième de millimètre.

Comme les ordinateurs deviennent de plus en plus petits et puissants, ils s'utilisent pour effectuer des tâches toujours plus nombreuses. Il existe déjà des usines entièrement automatisées où toutes les tâches, autrefois confiées aux ouvriers, ont été reprises par des ordinateurs. Les ordinateurs commandent les machines et effectuent tous les calculs nécessaires à cet effet. Les rares personnes à encore être occupées dans une usine entièrement automatisée sont là pour vérifier que tout se passe bien. Elles ont un rôle de supervision.

L'automatisation ne fait pas seulement disparaître des professions et des emplois. Heureusement, elle crée aussi de nouveaux métiers et de nouveaux emplois. Il faut, par exemple, des spécialistes pour concevoir et construire des ordinateurs et des composantes informatiques et pour écrire des programmes. On recherche également des personnes capables d'utiliser ou d'entretenir les ordinateurs.

Chapitre 4 :

LES TRANSPORTS

Comment vole un avion ?

Tu as peut-être déjà pris l'avion pour partir en vacances dans un pays lointain. Lorsque tu regardes par le hublot (la petite fenêtre) en plein vol, tout paraît si minuscule sur le plancher des vaches. Mais comment se fait-il qu'un avion puisse rester en l'air sans retomber comme une brique ?
Lorsque le vent souffle violemment, tu peux te rendre compte de la force avec laquelle les masses d'air se déplacent : les rafales violentes sont capables de déraciner des arbres et d'arracher les toitures des maisons. Pour voler, les avions utilisent ces puissants courants d'air.

Lorsqu'un avion traverse l'air, il crée un important courant d'air. L'air qui glisse à grande vitesse sous les ailes les pousse – ainsi que l'avion – vers le haut. À bord d'une voiture, tu peux sentir la force de l'air si tu sors prudemment la main par la fenêtre. Tu perçois alors la force du courant d'air provoqué par la vitesse de la

voiture. Tu constates que ce courant d'air est suffisamment puissant pour repousser ta main.
L'avion subit cette force qui le pousse vers le haut à cause de la forme de ses ailes. Les ailes d'un avion sont conçues de telle manière que l'air qui circule au-dessus des ailes va plus vite qu'en dessous et cela attire l'avion vers le haut. La forme bombée du dessus des ailes dévie l'air et crée une sorte de vide, que l'on appelle une dépression et qui aspire l'avion vers le haut.
Si l'avion devait freiner brutalement en altitude, le courant d'air diminuerait ou cesserait complètement. La force du courant d'air qui pousse l'avion vers le haut serait alors trop faible pour le maintenir en l'air et il tomberait.

Comment l'hélice peut-elle propulser l'avion dans l'air ?

De nombreux avions sont équipés d'hélices qui assurent la propulsion, c'est-à-dire un mouvement d'avancement au sein de l'air. Une hélice peut se comparer à une vis, qui pénètre un peu plus dans le bois à chaque tour de vis. L'hélice reproduit exactement le même mouvement dans l'air.
Dans l'air, l'hélice fonctionne à la manière d'une vis à bois. Lorsqu'il est traversé à vitesse élevée par un objet, l'air se comporte un peu comme une matière solide. En effet, si tu passes la main par la fenêtre d'une voiture en marche, tu sentiras la résistance de l'air.
Plus la vitesse de l'avion est élevée, plus l'emprise de l'hélice sur l'air est importante. A la manière de la vis à bois, l'hélice entame la couche d'air et assure ainsi la propulsion de l'avion.

Qui a inventé le parachute ?

Si tu sautais d'un avion à une altitude de 5 kilomètres, tu ne manquerais pas de t'écraser sur le sol. À moins de disposer d'un parachute. Avec un parachute, c'est comme si tu sautais d'un mur de 3,5 mètres.

Un parachute est une sorte d'immense parapluie. Quand on l'ouvre, il est freiné par la résistance de l'air, ce qui ralentit la vitesse de la chute afin que tu puisses atterrir sans te blesser. La surface d'une toile de parachute varie de 50 à 75 mètres carrés.

On s'imagine généralement que le parachute a été inventé après l'avion afin de sauver la vie du pilote en cas de problème durant le vol. Il n'en est rien. Le parachute est beaucoup plus ancien que l'avion.

Le premier dessin connu d'un parachute est l'œuvre de Léonard de Vinci. En 1514, il dessina l'esquisse d'un avion capable de planer grâce à un parachute. Mais la première description d'un véritable parachute date de 1595. Elle est l'œuvre de l'Italien Fausta Veranzio.

Il fallut encore attendre près de deux cents ans avant de voir le premier saut en parachute. En 1785, le Français Jean-Pierre Blanchard largua un chien dans un panier attaché à un parachute. On estime qu'il fut le premier à avoir utilisé un parachute. Quelques années plus tard, en 1793, Blanchard prétendit avoir effectué lui-même le premier saut en parachute. Il s'était même cassé une jambe lors de la chute.

Le premier à pratiquer régulièrement le saut en parachute était également un Français : André Jacques Garnerin. Le 22 octobre 1797, au-dessus du parc Monceau à Paris, il effectua le premier saut en parachute d'une hauteur de plus de six cents mètres à partir d'un ballon. Son parachute avait la forme d'un parapluie et un diamètre de plus de sept mètres. Sa femme fut la première femme parachutiste.

L'honneur d'avoir effectué le premier saut en parachute à partir d'un avion revient à un Américain, le capitaine Berry. Il effectua ce saut en 1912. À cette époque, sauter en parachute était une expérience beaucoup plus dangereuse que de nos jours. En effet, il arrivait souvent que les parachutistes n'arrivent pas à ouvrir leur parachute ou qu'ils s'emmêlent dans les cordes. Ils le payaient généralement de leur vie.

Pourquoi le ballon à air chaud s'élève-t-il dans le ciel ?

Le 4 juin 1783, les frères Joseph et Étienne de Montgolfier parvinrent à faire monter un énorme ballon de taffetas et de papier au-dessus de la petite ville de Vidalon-lès-Annonay, en Ardèche. Le ballon de 300 m^3 s'éleva à environ 300 mètres et parcourut 2,5 kilomètres en 10 minutes. L'exploit fit grand bruit et le roi Louis XVI voulut voir ce miracle de ses propres yeux. Il convoqua les deux frères au palais de Versailles. Le 19 septembre 1783, ils réitérèrent leur exploit. Les passagers étaient un mouton, un coq et un canard.

Le premier homme à prendre son envol dans un ballon fut François Pilâtre de Rozier. Le 15 octobre 1783, il s'éleva à vingt-trois mètres dans un ballon ancré au sol. Le premier voyage aérien eut lieu le 21 novembre 1783 : les passagers de ce ballon de 2 200 m^3 étaient Pilâtre de Rozier et le marquis d'Arlandes.

Le ballon des frères de Montgolfier était gonflé avec de l'air qu'ils avaient chauffé à l'aide d'un feu de paille. Dans les ballons – ou aérostats – actuels, l'air est réchauffé à l'aide d'un brûlot. C'est pourquoi ces aérostats s'appellent des ballons à air chaud ou montgolfières, du nom de leurs créateurs.

Comment se fait-il qu'un ballon rempli d'air chaud monte ? L'air réchauffé se dilate. Il devient alors plus léger que l'air froid et il monte. Si tu regardes brûler un feu de camp, tu observes que la fumée s'élève vers le ciel. La fumée est constituée d'air plus léger que l'air ambiant.

On observe le même phénomène dans le ballon à air chaud. Le ballon est réalisé en une matière très légère et très élastique. L'air réchauffé par le brûlot se dilate et le ballon se gonfle. Même si le ballon est beaucoup plus grand, il contient la même quantité d'air qu'auparavant. Si ce gros ballon était rempli d'air froid, il pèserait beaucoup plus lourd. C'est la différence de poids qui permet au ballon de vaincre la pesanteur et de prendre son envol.

Eurêka ! Le principe d'Archimède

Le savant grec Archimède, qui vécut au IIIe siècle avant notre ère, prenait son bain lorsque soudainement il s'écria : « Eurêka, j'ai trouvé ! » Archimède réfléchissait à la question de savoir pourquoi certains objets flottent dans l'eau alors que d'autres coulent. Il avait constaté que, lorsqu'il entrait dans son bain, le niveau de l'eau montait.

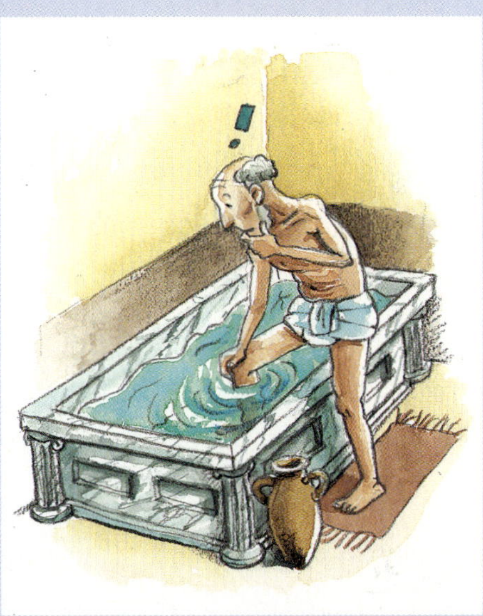

Archimède découvrit que la force subie par un objet plongé dans l'eau est égale à la quantité d'eau que cet objet déplace.
Tu peux également réaliser cette expérience à l'aide d'un ballon en plastique. Un ballon est rempli d'air. Si tu plonges le ballon dans l'eau, tu constateras que l'eau repousse le ballon vers le haut.
Imagine que le ballon contienne 5 litres d'air. Plongé dans l'eau, il occupe la place de 5 litres d'eau ; 5 litres d'eau pèsent 5 kilos. Le ballon est nettement plus léger : 5 litres d'air pèsent environ 6,5 grammes et le ballon lui-même pèse peut-être 250 grammes. Si tu lâches le ballon, il remonte à la surface et il flotte.

Qui a inventé le train ?

Personne n'a inventé le train. Le train, tel que nous le connaissons actuellement, résulte de l'association de trois idées importantes. Son développement a duré de nombreuses années.

L'invention des rails était la première idée à la base du développement du train. Si l'utilisation de rails nous semble évidente, il n'en a pas toujours été ainsi. Les premiers rails étaient en bois. Les premières voies en bois furent construites en Europe centrale au XVIe siècle. Comme les rails en bois s'usaient vite, on ne tarda pas à les recouvrir de plaques métalliques. Ce progrès n'était cependant pas suffisant. C'est pourquoi on se mit à fabriquer des rails de fer et d'acier.

La deuxième idée importante dans le développement du chemin de fer était l'accrochage des wagons les uns aux autres. Il fallait pouvoir relier les wagons de manière à leur permettre de se déplacer sans problème sur les rails et de négocier les virages sans difficulté.

La troisième idée était la source d'énergie à utiliser afin de mettre les wagons en mouvement et de les faire rouler. Cette source d'énergie devait pouvoir tirer ou pousser les wagons. Les premiers trains étaient tractés par des chevaux.

L'Angleterre et les États-Unis furent les pionniers du chemin de fer. Vers 1800, plusieurs trains tractés par des chevaux étaient déjà en service en Angleterre et aux États-Unis. La première voie ferrée destinée au transport des voyageurs fut inaugurée à Londres en 1801. Aux États-Unis, la première ligne ferroviaire faite de rails de bois recouverts de plaques métalliques fut construite en 1827 dans la petite ville de Quincy au Massachusetts. Ces trains étaient tirés par des chevaux.

Entre-temps, on s'efforça de mettre au point la locomotive à vapeur comme source d'énergie pour les trains. La première locomotive à vapeur destinée à tracter les wagons fut conçue en 1804 par un ingénieur britannique, Richard Trevithick. Elle fut mise en service au pays de Galles. Sa machine était capable de parcourir 15 kilomètres à la vitesse de 8 kilomètre/heure. Elle était très lourde et n'adhérait pas bien au rail.
Il fallut attendre 1829 pour voir apparaître la première locomotive à vapeur vraiment fiable. Il s'agissait de la Rocket de George Stephenson. Ensuite, le progrès s'accéléra et le chemin de fer ne tarda pas à conquérir le monde. La première ligne de chemin de fer fut inaugurée sur le continent européen en Belgique en

1815 : elle reliait Bruxelles à Malines. En France, la première ligne de transport de voyageurs date de 1832, elle s'effectuait entre Saint-Étienne et Andrézieux.

Comment un sous-marin peut-il rester sous l'eau ?

Pour plonger et pour remonter à la surface, les sous-marins recourent à un système assez élémentaire. Les sous-marins sont dotés d'une double coque. Entre ces coques se trouvent les réservoirs, que l'on appelle les ballasts. Lorsque le sous-marin se prépare à plonger, les remplissages, les ouvertures situées sous les réservoirs, s'ouvrent afin de laisser entrer l'eau de mer. L'air qui se trouve dans les réservoirs s'échappe par les purges situées en haut des réservoirs.

Lorsque le sous-marin se prépare à refaire surface, on ferme les purges avant d'injecter de l'air comprimé dans les ballasts pour

chasser l'eau de mer qui est évacuée par les remplissages.
Durant les manœuvres de plongée et de remontée, ce sont les gouvernails horizontaux de la coque qui dirigent le sous-marin.
Lors des manœuvres en surface, le sous-marin navigue à l'aide d'un gouvernail qui fonctionne de façon identique à celui des autres navires.

Comment le sous-marin s'oriente-t-il sous l'eau ?

Pour observer la surface de la mer depuis un sous-marin en plongée, les marins utilisent un périscope. Il s'agit d'un long tube télescopique muni d'un système de prismes qui permet à l'opérateur de voir ce qui se passe à la surface. Il suffit de faire tourner le périscope sur son axe pour scruter l'horizon.
Les sous-marins disposent également d'un sonar (le mot sonar est un acronyme de « sound navigation and ranging »).
Ce système de détection utilise des ondes sonores pour repérer des objets, des animaux ou n'importe quel obstacle, même s'ils se trouvent à grande distance, afin de les localiser avec précision. L'analyse de l'écho sonore permet de voir la forme de l'objet et de déterminer sa distance.

Les sous-marins sont également équipés d'un radar (regarde *Qu'est-ce qu'un radar ?*). Lors des manœuvres en surface, le radar permet de localiser les autres navires et les avions.

Comment fonctionne le moteur d'une voiture ?

Pour tourner, un moteur de voiture a besoin de carburant. Mais connais-tu le principe de fonctionnement du moteur ?

L'essence est amenée vers le moteur par une pompe. Elle arrive d'abord dans le carburateur qui se trouve sur le moteur, où elle est mélangée à une quantité précise d'air.

Le mélange de vapeur d'essence et d'air est particulièrement explosif. Il est amené par un système de tubes vers les cylindres du moteur. Dans chaque cylindre se trouve un piston qui effectue un mouvement de va-et-vient continu. Ce mouvement aspire le mélange dans le cylindre. Dans un moteur à quatre temps, c'est le premier temps : l'admission.

Dès que le piston arrive à son point le plus bas, la soupape d'admission se ferme. À présent, le mélange explosif ne peut plus s'échapper du cylindre. Lorsque le piston remonte, il comprime le mélange. C'est le deuxième temps : la compression.

Le mélange comprimé est encore plus explosif. C'est exactement au moment où le piston arrive à son point le plus haut que la bougie produit une étincelle électrique. Cette étincelle fait exploser le mélange. Le piston est repoussé vers le bas. C'est le troisième temps : l'explosion.

Lorsque le piston se trouve le plus bas, la soupape d'échappement s'ouvre. Le piston remonte et les gaz brûlés sont expulsés par la soupape. C'est le quatrième temps : l'échappement.

C'est le troisième temps qui produit l'énergie nécessaire pour faire rouler la voiture. Lorsque le piston est repoussé vers le bas, il fait tourner le vilebrequin qui entraîne à son tour l'arbre de transmission qui fait tourner les roues.

Qui a inventé la bicyclette ?

L'histoire de la bicyclette, telle que nous la connaissons actuellement, débute au XIXe siècle. En 1816, le baron allemand Karl Friedrich Drais inventa le premier bicycle manœuvrable. Il l'appela la draisienne. Elle était en bois et assez lourde. Elle pesait bien vingt-cinq kilos. Les roues étaient reliées à l'aide d'une poutre de bois. La roue avant était munie d'un guidon. On la faisait avancer en poussant sur le sol avec les pieds car il n'y avait pas encore de pédales. En 1818, il la présenta en France, dans le jardin du Luxembourg, à Paris. La draisienne eut un succès assez modeste en Europe et fut souvent l'objet de railleries.

Le premier bicycle à pédales fut l'œuvre du Français Ernest Michaux. En 1861, il construisit le vélocipède dont la roue avant était munie de pédales. Cette roue avant était un peu plus grande que la roue arrière. Le premier vélocipède était également en bois. Le bois fut cependant rapidement remplacé par le fer. Après avoir présenté un vélocipède en métal à l'Exposition universelle de Paris en 1867, Michaux reçut des commandes du monde entier.

Durant les années suivantes, la taille de la roue avant devint de plus en plus importante. Le record absolu était une roue avant d'un diamètre de 2,13 mètres. Évidemment, un seul coup de pédale permettait de parcourir une longue distance. Mais le conducteur de l'engin était juché au-dessus de cette roue avant, ce qui n'était pas très pratique. Le « Grand Bi » était un engin relativement dangereux en cas de chute.

Ce fut l'Anglais John Kemp Starley qui mit au point la première bicyclette sûre en 1885. Les deux roues de sa « Rover Safety » avaient un diamètre plus ou moins identique. La selle et les pédales se trouvaient juste devant la roue arrière. La chaîne transmettait la force des pédales à la roue arrière. La bicyclette Rover était la première bicyclette moderne. D'abord accueillie avec scepticisme, elle connut par la suite un succès immense.

D'où viennent les mots bicyclette et vélo ?

Comme nombre de mots de la langue française, le mot bicyclette a une origine latine.

Le mot « bicyclette » est un diminutif du mot « bicycle », qui signifie tout simplement « deux roues ». Ce mot est composé de deux mots latins : le préfixe bis *qui veut dire deux et le mot* cyclus *qui veut dire roue.*

On emploie souvent le mot « vélo » à la place de bicyclette. Ce synonyme (mot qui signifie la même chose) est également dérivé du latin. « Vélo » est une abréviation (un mot plus court) du mot « vélocipède ». En latin, velox *signifie rapide et* pes *veut dire pied. Le mot vélo veut donc dire « que l'on fait avancer rapidement avec le pied ». Logique, non ?*

Et le mot « tricycle », as-tu une idée de ce qu'il signifie si tu sais que tri *veut dire trois en latin ? Tu vas trouver, c'est facile !*

Comment construit-on un tunnel ?

Si tu t'imagines que les hommes ont attendu d'avoir inventé de gigantesques engins de chantier avant de commencer à creuser des tunnels, tu te trompes. Il y a des milliers d'années, on trouvait déjà des tunnels en Égypte, en Inde, en Assyrie et en Grèce.

Grâce aux inventions et aux nouvelles techniques de construction, il est actuellement possible de construire des tunnels plus grands et plus longs afin de franchir les barrières naturelles. L'invention de la technique du bouclier par Marc Brunel, un ingénieur français émigré aux États-Unis, fut déterminante. Il utilisait une puissante machine dotée d'un cylindre en acier de même diamètre que le tunnel à creuser. On recourt actuellement à une version améliorée de cette machine : il s'agit d'une immense foreuse qui creuse des tunnels à la manière d'une taupe.
Les méthodes utilisées pour creuser des tunnels varient en fonction des pays et de la nature du sous-sol. Voici quelques-unes de ces méthodes.

- Si le tunnel doit traverser une montagne, on commence généralement à creuser des deux côtés à la fois. La dynamite s'utilise pour faire sauter la pierre et la roche. Le procédé consiste à creuser une ou deux petites galeries pilotes afin de calculer la direction à suivre avec une grande précision. Au-dessus de cette galerie de reconnaissance, on creuse une autre galerie qui constituera la voûte du tunnel. Ensuite, on continue à excaver pour rejoindre la galerie pilote. Puis l'ouverture du tunnel est agrandie depuis la galerie de voûte vers le bas. Si la roche n'est pas dure, les parties excavées doivent être immédiatement étayées à l'aide de poutres et de planches solides.
- Pour percer des tunnels, on recourt souvent à de gigantesques foreuses, également appelées tunneliers. Dès que la terre a été creusée et déblayée à l'avant, les ouvriers commencent à effectuer les travaux d'étaiement et de soutènement à l'arrière afin de pouvoir travailler en toute sécurité.

Chapitre 5 :

TÉLÉCOMMUNI-CATIONS

Comment le téléphone fut-il inventé ?

« Monsieur Watson, veuillez venir dans mon bureau, je vous en prie. » Voilà les premières paroles transmises par téléphone. Elles furent prononcées le 10 mars 1876 par le professeur Alexander Graham Bell. Au bout du fil, deux étages plus bas, se trouvait son assistant, Thomas Watson. Après des mois de travail, ils avaient enfin réussi à construire un téléphone primitif.

À l'époque, le télégraphe existait déjà. Mais cet appareil présentait l'inconvénient de ne pouvoir transmettre que des signaux. Les messages devaient d'abord être codés en morse. En langage morse, toutes les lettres de l'alphabet correspondent à une séquence de sons longs et courts. Pour envoyer un message à un destinataire ou en recevoir un, il fallait donc nécessairement connaître le morse. Évidemment, il était plus intéressant de pouvoir transmettre des messages parlés.

Le 2 juin 1875, le professeur Bell effectua ses premières expériences dans sa ville américaine de Boston : il cherchait à pouvoir transmettre plusieurs messages en même temps par une même ligne. Bell était équipé d'un récepteur. Son assistant se tenait dans une autre pièce, devant un émetteur. Les deux appareils étaient équipés d'une lame en acier souple et d'un aimant. En tentant de décoller la lame qui adhérait à l'aimant, Watson produisit une vibration de la lame. Soudainement, le professeur Bell se précipita enthousiaste dans la pièce. « Ne touchez plus à rien ! Qu'avez-vous fait ? Faites-moi voir ! » Il découvrit que les vibrations de la lame de l'émetteur contre l'aimant produisaient un courant électrique modulable. Ce courant faisait vibrer la lame en acier du récepteur, ce qui produisait des vibrations sonores.

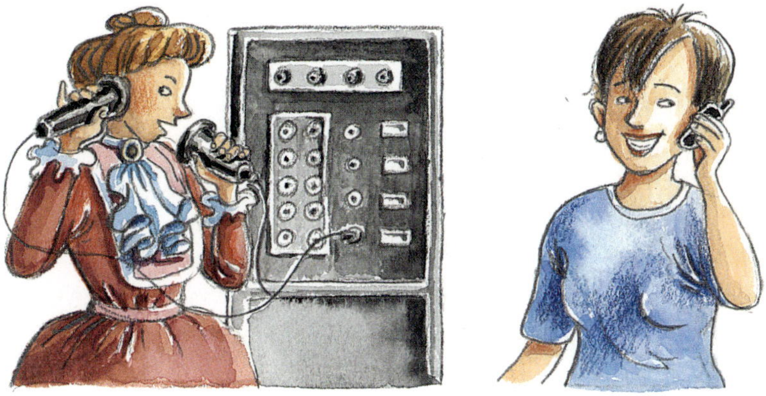

Neuf mois plus tard, le professeur Bell mettait au point le premier vrai téléphone. Il entra dans l'histoire comme l'inventeur du téléphone, même si l'appareil avait déjà été inventé quelques années plus tôt. En 1861, le professeur allemand Philipp Reiss donna une conférence sur « la transmission à distance de mélodies musicales à l'aide d'un courant galvanique ». Il fit même la démonstration de sa théorie devant un public stupéfait. Mais Reiss ne disposait ni du talent, ni de l'argent nécessaires à la commercialisation de son invention. Bell, qui ignorait même à quoi le téléphone pourrait servir, pouvait compter sur des collaborateurs talentueux et des mécènes richissimes.

La *Bell Telephone Company* fut mise sur pied en 1877. Dès cette année-là, le téléphone fut commercialisé aux Etats-Unis. Le 1er mai 1877, la première ligne commerciale privée fut mise en service. Elle reliait le bureau d'un homme d'affaires américain, Charles William, à sa maison.

En France, le public découvrit le téléphone lors de l'Exposition universelle de Paris en 1878. Certains spectateurs pensèrent qu'il s'agissait d'un gadget sans importance, d'autres qu'il était au contraire promis à un bel avenir. Ils avaient raison.

Comment fonctionne la télévision ?

Le développement de la télévision doit beaucoup à un seul homme : le Britannique John Logie Baird. En 1924, il réussit la transmission de la première image télévisée. Elle représentait la tête de Bill, une poupée de ventriloque. Le signal était capté quelques mètres plus loin, dans une pièce attenante. Baird développa également la première vraie télévision avec des images animées. Il fut aussi le premier à envoyer des images télévisées par le câble de Londres à New York. La télévision couleur et le système d'enregistrement des images sont également des inventions de Baird. Il fit toutes ces découvertes avant la Seconde Guerre mondiale.

Si la technique a considérablement évolué depuis lors, le principe est resté fondamentalement le même. La plupart des téléviseurs peuvent recevoir des programmes par le câble. Les programmes peuvent également être captés à l'aide d'une antenne. Le téléviseur contient deux récepteurs : l'un pour les images et l'autre pour le son.

Le signal vidéo est envoyé à un canon à électrons qui se trouve dans le vide du tube cathodique. L'extrémité du tube cathodique est constituée d'un écran plat. Cet écran est formé de couches de luminophores rouges, verts et bleus. Chacune de ces couches luminescentes est composée de 625 ou 883 lignes horizontales de 1 024 ou 2 048 points appelés pixels. Un pixel est constitué de trois luminophores rouge, vert et bleu.

Le canon à électrons bombarde les couches de luminophores qui se réchauffent. Plus le luminophore est chaud, plus il devient brillant. La combinaison de points rouges, verts et bleus permet en principe de reproduire n'importe quelle couleur.

Pour animer les images télévisées, on diffuse vingt-cinq images par seconde. À cette vitesse, nos yeux ne perçoivent pas les transitions entre les images. Nous apercevons un mouvement continu et l'image nous apparaît unique et bonne.

Qu'est-ce qu'un écran plasma ?

Actuellement, on construit également des téléviseurs sans tube cathodique. Ils se caractérisent par leur écran d'une épaisseur d'à peine quelques centimètres. Ici également, les pixels sont composés de luminophores rouges, verts et bleus. Ces écrans sont remplis d'un mélange gazeux néon/xénon. Le canon à électrons est remplacé par une puce électronique qui commande l'allumage des luminophores.

Qu'est-ce qu'un transistor ?

Le transistor fut inventé en 1947 par les trois Américains John Bardeen, Walter Brattain et William Schockley. Leur invention est peut-être bien la plus importante de toute l'histoire de l'électronique. En tout cas, elle leur a valu le prix Nobel de physique en 1956.

Un transistor est un semi-conducteur élémentaire. Un semi-conducteur est une matière qui conduit moins bien le courant électrique qu'un métal tel que le cuivre, mais mieux que le verre. Le transistor est composé de germanium et de silicium. Il est muni de trois broches. Ces broches servent à amplifier un faible courant électrique qui pénètre dans le transistor. Le transistor génère donc un courant plus intense.

Avant l'invention du transistor, on utilisait des tubes à vide. Ces tubes ressemblaient à des lampes dans lesquelles on avait créé le vide. Les premières télévisions et radios fonctionnaient à l'aide de ces tubes à vide. Sans cette amplification, les haut-parleurs d'une radio ou le tube cathodique d'un téléviseur n'émettraient que des sons ou des images très faibles.

Le transistor possédait de nombreux avantages sur le tube à vide. En effet, il était plus petit et sa fabrication coûtait moins cher. De plus, il consommait moins d'électricité et il générait moins de chaleur. Enfin, sa longévité était plus importante. Les tubes à vide brûlaient souvent et vite. Dans certains appareils, il fallait même les remplacer deux fois par jour !

Les transistors ne servent pas qu'à amplifier le courant électrique. Dans les ordinateurs, ils s'utilisent comme mini-interrupteurs. On a réussi à miniaturiser les transistors à tel point que le processeur d'un ordinateur peut en compter plus de 3,5 millions.

Qu'est-ce qu'une puce électronique ?

Une puce électronique est une galette ultrafine qui comporte des circuits électroniques très complexes. Ces puces sont utilisées dans tous les appareils électroniques tels que les ordinateurs, les téléphones mobiles, les chaînes stéréo et les radios. Elles sont présentes dans d'autres applications, par exemple les cartes bancaires, les montres et les voitures.

La plupart des puces électroniques sont fabriquées en silicium, un sable très pur. La première étape consiste à produire un cristal de silicium extrêmement pur. Ce cristal a une forme cylindrique. À l'aide d'une scie, on découpe de petites tranches ultrafines appelées wafers ou galettes, qui permettent de fabriquer des centaines de puces.

Grâce à un processus photographique, on grave des circuits électroniques très complexes sur la galette. Cette opération s'effectue dans des laboratoires très spécialisés complètement exempts de poussière. En effet, les circuits électroniques sont miniaturisés à l'extrême : une seule puce électronique peut compter jusqu'à 3,5 millions de circuits. La moindre poussière peut avoir des effets catastrophiques. Lorsque la galette est terminée, les puces sont découpées. Elles sont ensuite insérées dans un boîtier spécial. À présent, il ne reste plus qu'à relier le circuit aux broches du boîtier et le microprocesseur est prêt à l'emploi.

De quoi est fait un ordinateur ?

Le mot PC est l'abréviation de Personal Computer. C'est un ordinateur conçu pour une seule personne. C'est en quelque sorte un ordinateur individuel. Il serait étonnant que tu n'aies jamais vu un ordinateur. Tu possèdes peut-être même ton propre ordinateur. Cette petite machine est un véritable miracle de la technologie moderne.

Et pourtant, l'ordinateur personnel n'est rien d'autre qu'une grande machine à calculer. La seule chose qu'un ordinateur soit capable de faire est de traiter les informations et d'exécuter les instructions qu'il reçoit. Les différentes composantes de l'ordinateur exécutent ou participent à l'exécution de ces tâches.

La pièce la plus importante de l'ordinateur est le CPU (Central Processing Unit), l'unité centrale de traitement. Ce processeur est le cerveau de l'ordinateur. Tout est réglé par ce processeur central.

Sans mémoire, l'ordinateur serait incapable de fonctionner. Le PC possède cinq sortes de mémoire.

- La mémoire ROM (ou mémoire morte) stocke en permanence les informations importantes.
- La mémoire BIOS est un type de mémoire ROM particulier. Elle contient les instructions indispensables dont l'ordinateur a besoin au démarrage.
- La mémoire RAM (ou mémoire vive) contient les informations temporaires sur lesquelles l'utilisateur travaille. Il est à noter que, contrairement à la mémoire ROM, le contenu de cette mémoire se vide une fois que l'ordinateur est coupé.
- Les informations que l'ordinateur utilise régulièrement sont stockées dans la mémoire cache.
- Pour terminer, l'ordinateur peut encore faire appel à la mémoire virtuelle. Il s'agit d'un fichier sur le disque dur qui est utilisé temporairement pour stocker des informations.

Le processeur et la mémoire se trouvent généralement sur la carte mère. La carte mère est la plaque de circuits intégrés la plus importante de l'ordinateur. Tous les éléments de l'ordinateur sont directement ou indirectement attachés à la carte mère. Pour produire des sons, le PC a besoin d'une carte son. La carte son peut être intégrée sur la carte mère ou être branchée séparément.

Le disque dur contient les programmes, les applications et toutes les informations que l'utilisateur souhaite conserver. Un disque dur peut stocker une grande quantité d'informations sous la forme de textes, de photos ou encore de clips vidéo.

L'ordinateur peut encore être équipé d'un un CD-rom, peut-être même d'un lecteur DVD, d'une carte graphique et de connecteurs permettant d'y brancher d'autres périphériques tels qu'une souris, un moniteur et un clavier.

D'où vient l'Internet ?

As-tu déjà surfé sur l'Internet ? Quelques clics de souris t'emmènent d'un site français vers un site belge qui te renvoie à son tour vers un site américain en passant éventuellement par un site japonais. Tous ces sites sont sur des ordinateurs connectés à l'Internet. Des millions d'ordinateurs y sont connectés. Lorsque tu surfes sur l'Internet, ton ordinateur est également relié à l'Internet. Les ordinateurs connectés entre eux forment un réseau. Le réseau le plus grand est l'Internet.

L'Internet est issu d'un réseau militaire américain. Lorsque, vers la fin des années 1950, les Soviétiques lancèrent leur premier satellite *Spoutnik*, les Américains prirent peur. À l'époque, les États-Unis et l'Union soviétique étaient les seules puissances à disposer de l'arme nucléaire. Ces deux pays se craignaient mutuellement. C'est pourquoi les Américains ne tardèrent pas à construire et à lancer leur propre satellite. Ils cherchaient également à se protéger efficacement contre une éventuelle attaque nucléaire soviétique.

Si une grande ville venait à être touchée par une bombe atomique, toutes les centrales et les lignes téléphoniques de cette ville seraient détruites ou paralysées. En effet, le réseau téléphonique est organisé à partir d'un point central, la centrale téléphonique. Lorsque la centrale téléphonique tombe en panne, l'ensemble du réseau est neutralisé, ce qui risque de bloquer le trafic téléphonique dans une grande partie du pays. L'état-major de l'armée américaine réfléchissait sérieusement à cette éventualité. Il lui fallait trouver un moyen pour pouvoir continuer à transmettre des informations et des instructions afin de défendre le pays en cas d'attaque nucléaire ennemie.

En 1964, les militaires imaginèrent un réseau qui n'était plus organisé autour d'un seul point central et dont chaque nœud pouvait assurer la transmission des informations. Si ce nœud était détruit ou tombait en panne, les informations pouvaient emprunter un autre chemin vers leur destinataire.

Pour garantir une meilleure sécurité, le message à transmettre était découpé en petits paquets avant d'être envoyé chez son destinataire où il était recomposé. Chaque paquet empruntait son propre chemin sur le réseau. Imaginons un gros camion chargé de transporter des colis. Si ce camion a un accident, aucun colis n'arrive à destination. Au lieu de charger tous les colis dans le même camion, on peut les transporter séparément à bord de voitures. Si l'une des voitures est impliquée dans un accident, les autres paquets arrivent quand même à destination.

En 1969, deux ordinateurs du réseau réussirent à établir une première connexion. Ce réseau fut appelé ARPAnet. ARPA était le nom du groupe de recherche de l'armée américaine qui a inventé ce réseau. L'ARPAnet était le précurseur de l'Internet.

Qu'est-ce qu'un e-mail ?

E-mail est l'abréviation du terme *electronic mail* qui signifie courrier électronique. Le courrier électronique te permet d'envoyer un message d'un ordinateur à un autre. Le message emprunte le réseau d'Internet.

Avant de pouvoir envoyer un message, il faut disposer d'une adresse électronique. Une adresse électronique peut se comparer à une adresse ordinaire. Elle se présente toujours sous la même forme. L'adresse comprend obligatoirement deux parties séparées par le signe @ ou arobase. Ce signe se prononce « at ».

La première partie est en quelque sorte la boîte aux lettres. Elle se compose du nom ou du nom d'utilisateur de la personne. La deuxième partie serait le bureau de poste. Elle contient le nom du fournisseur d'accès.

Lorsque ton correspondant t'envoie un message, il arrive d'abord à son bureau de poste, dans un ordinateur qui ne fait que recevoir et envoyer des messages. Cet ordinateur s'appelle un serveur de courrier. Ce serveur héberge toutes les boîtes aux lettres du bureau de poste. Le message qui t'est destiné t'attend dans ta boîte aux lettres. Lorsque tu te connectes à ton serveur de courrier, il envoie le message vers ton ordinateur afin que tu puisses le lire.

Lorsque tu envoies un message, il suit exactement le chemin inverse. Il part de ton ordinateur vers ton serveur de courrier. Celui-ci l'envoie au bureau de poste qui héberge la boîte aux lettres du destinataire indiqué dans l'adresse électronique. Le serveur mail de ce bureau de poste conserve le message dans la boîte aux lettres du destinataire jusqu'à ce que celui-ci vienne relever son courrier.

Comment fonctionne un GSM ?

GSM signifie *Global System for Mobile Communication*. Ce système fut développé en Europe pour permettre l'essor de la téléphonie mobile. Contrairement au téléphone fixe, le GSM n'est pas relié au réseau à l'aide d'un fil. Lorsque tu utilises le téléphone fixe, les signaux téléphoniques transitent par un fil en cuivre. Lorsque tu emploies un GSM, les signaux téléphoniques sont convertis en ondes radio.

Pour pouvoir envoyer et transmettre ces ondes radio, des réseaux de stations radio ont été construits dans toute l'Europe. Ces stations sont équipées d'antennes. Les antennes sont placées de manière à pouvoir assurer une communication optimale. C'est pourquoi le territoire a été subdivisé en cellules à la manière d'un nid d'abeilles. Ces cellules sont reliées entre elles de sorte que les ondes radio puissent être relayées sur l'ensemble du territoire. Certaines antennes ont une portée de 15 kilomètres. Elles se trouvent surtout dans les zones rurales. Dans les villes, on utilise des antennes dont la portée maximale est de 500 mètres.

SMS

Le GSM présente également la particularité de convertir les messages en bits. Cette technique s'appelle la téléphonie digitale. La conversion en bits réduit les perturbations et assure une transmission de meilleure qualité que la téléphonie ordinaire.

La téléphonie digitale permet aussi de brancher un GSM sur un ordinateur et d'utiliser le service SMS ou Texto. Il s'agit d'un service de messagerie mobile qui permet d'envoyer et de recevoir des messages courts.

Le GSM permet d'accéder au réseau. L'appareil est équipé d'un petit émetteur qui envoie les ondes radio vers l'antenne la plus proche. Le récepteur capte les ondes radio que l'antenne lui envoie.

Afin d'assurer que tu ne reçoives que les messages qui te sont destinés, le GSM contient également une carte SIM, qui est un module d'identification de l'abonné.

Qu'est-ce qu'un satellite ?

Des milliers de satellites gravitent autour de la Terre. Pourtant, le premier satellite, le *Spoutnik* soviétique, ne fut lancé que le 4 octobre 1957. En moins de cinquante ans, de très nombreux pays et entreprises ont envoyé toutes sortes de satellites dans l'espace.

Tout corps qui gravite autour d'une planète est un satellite. La Lune est donc un satellite de la Terre. Mais nous utilisons également le mot satellite pour désigner un objet que l'homme a mis en orbite autour de la Terre afin d'y accomplir des tâches bien précises. Il existe de nombreuses sortes de satellites.

- Les satellites météo servent à faire des prévisions météorologiques. Ils sont munis de caméras qui envoient des images vers la Terre. Ces satellites sont parfois équipés d'instruments de mesure.
- Les satellites de télécommunication veillent à ce que les communications téléphoniques et les données informatiques puissent être transmises à très grande distance d'un émetteur terrestre vers un autre récepteur terrestre. Ces satellites comportent des milliers d'émetteurs-récepteurs radio.

- Les satellites de télévision relaient les émissions de télévision dans le monde entier. Pour pouvoir regarder ces émissions, il faut cependant disposer d'une antenne parabolique et d'un décodeur.
- Il existe encore des satellites destinés à la recherche scientifique, des satellites de navigation, qui permettent de localiser avec une très grande précision tout objet sur Terre, et des satellites d'espionnage militaire.

Malgré toutes ces différences, les satellites présentent de nombreux traits communs. Tous les satellites sont protégés par une carrosserie métallique ou plastique qui abrite tous les instruments. Elle protège les instruments contre le rayonnement cosmique et veille à ce que le satellite puisse survivre à la poussée gigantesque nécessaire au lancement de la fusée qui le place sur orbite. Le satellite dispose également d'une source d'énergie. Il est généralement équipé de panneaux solaires et d'accumulateurs qui stockent l'énergie solaire produite par les capteurs solaires.

Satellites géostationnaires et satellites

Les satellites géostationnaires tournent autour de la Terre en vingt-quatre heures. Ils sont généralement positionnés au-dessus de l'équateur. Actuellement, le nombre de satellites qui gravitent autour de la Terre en orbite géostationnaire est tellement important qu'il ne reste presque plus de place là-haut !

D'autres satellites n'occupent pas un emplacement précis dans l'espace. Ces satellites à défilement survolent plusieurs fois par jour différents endroits de la Terre. Ils ont une orbite plus basse. Ils volent à une altitude moyenne de 645 km au-dessus de la Terre.

L'ordinateur de bord vérifie le fonctionnement du satellite et des appareils embarqués. Les satellites sont également équipés d'un émetteur-récepteur radio ainsi que d'une antenne afin de pouvoir garder le contact avec la Terre. Les satellites disposent également d'un système de contrôle d'orbite.

Dictionnaire des mots difficiles

Acronyme : sigle prononcé comme un mot ordinaire.

Carburateur : partie du moteur dans laquelle le carburant se mélange à l'air.

Combustible : matière que l'on fait brûler pour produire de la chaleur. Le charbon, l'essence et le pétrole sont des combustibles.

Combustion : le fait de brûler entièrement.

Concurrence : rivalité entre plusieurs personnes, pays, etc.

Cylindre : figure géométrique en forme de rouleau et dont les deux extrémités sont des cercles égaux.

Dilater (se) : augmenter de volume.

Distillation : procédé qui permet de transformer un partie d'un liquide en vapeur.

Ébullition : le fait de bouillir. Le point d'ébullition est le moment à partir duquel un liquide se met à bouillir. Le point d'ébullition de l'eau est à 100 °C.

Étayer : consolider, renforcer.

Fusion : passage d'un solide à l'état liquide sous l'action de la chaleur. Cela signifie aussi réunion de plusieurs choses. Fusionner signifie se réunir.

Latéral : du côté.

Matière première : matière que l'on trouve dans la nature et que l'homme peut transformer pour fabriquer autre chose. Le bois, le pétrole et le fer sont des matières premières.

Pesticide : produit utilisé contre les animaux et les végétaux qui sont nuisibles aux cultures.

Piston : pièce qui se déplace dans un tube par un mouvement de va-et-vient.

Processus : façon de se dérouler, d'évoluer.

Propulser : faire avancer en poussant.

Relais (de télévision) : dispositif qui retransmet des émissions envoyées par un émetteur.

Soupape : clapet d'un appareil qui peut se soulever pour laisser passer de la vapeur, un liquide... Dans le moteur d'une voiture, les soupapes laissent entrer et sortir les gaz.

Télescopique : dont les éléments s'emboîtent les uns dans les autres pour faire varier la longueur (d'un tube par exemple).

Vilebrequin : barre de métal qui relie les bielles dans le moteur d'une voiture.

Vitrifiable : qui peut se transformer en verre.

Volatil : qui s'évapore facilement.